王 敏 著

文化视阈中的消费经济史

迈克·费瑟斯通的日常生活消费理论研究

中国社会科学出版社

图书在版编目（CIP）数据

文化视阈中的消费经济史：迈克·费瑟斯通的日常生活消费
理论研究／王敏著.—北京：中国社会科学出版社，2012.12
ISBN 978－7－5161－1959－4

Ⅰ.①文… Ⅱ.①王… Ⅲ.①消费理论－研究 Ⅳ.①F014.5

中国版本图书馆 CIP 数据核字（2012）第 303259 号

出 版 人	赵剑英
责任编辑	宫京蕾
特约编辑	刘京臣
责任校对	徐 楠
责任印制	李 建

出 版	中国社会科学出版社
社 址	北京鼓楼西大街甲 158 号 （邮编100720）
网 址	http：//www.csspw.cn
	中文域名：中国社科网 010－64070619
发 行 部	010－84083685
门 市 部	010－84029450
经 销	新华书店及其他书店

印 刷	北京奥隆印刷厂
装 订	北京市兴怀印刷厂
版 次	2012 年 12 月第 1 版
印 次	2012 年 12 月第 1 次印刷

开 本	710×1000 1/16
印 张	13.75
插 页	2
字 数	208 千字
定 价	39.00 元

凡购买中国社会科学出版社图书，如有质量问题请与本社联系调换
电话：010－64009791

目　　录

第一编　绪论

第二编　费瑟斯通对消费理论的研究视角

第三编　日常生活：消费的最佳领域

第五编　消费社会中的完美身体形象

第一编

绪　论

第一章

选题的缘起

经济史是研究经济发展的历史，因为经济的发展并不是孤立的，要受到自然环境、国家和社会文化的制约，因此经济史研究的视野不能仅限于经济发展的规律本身，而且要包括制约经济运行的自然环境、国家、社会和文化。正如赵德馨先生所说，"经济发展的趋势有多个方面，人们可以从不同的角度去观察它们。"①古典经济学把生产过程划分为生产、分配、交换与消费等几大环节，在传统经济学理论中，始终坚持生产是第一位的，消费是第二位，并且消费始终是被生产所决定的。消费的作用与意义被模糊，甚至是降低到可有可无的位置。研究者更多地把目光集中在生产、分配与交换等环节，这使得消费在经济学领域同样受到忽视。"消费这个不仅被看成终点而且被看成最后目的的结束行为，除了它又会反过来作用于起点并重新引起整个过程之外，本来不属于经济学的范围。"②因此，在以前的研究状况中，"消费"处于被漠视的地步。这带来的最大影响是，已往经济史的研究总是把关注的目光最大限度地集中在经济现代化方面，对消费史视若无睹或是一笔带过，使消费经济史成为被忽略的对象。

事实上，人类历史就是一部消费史，经济发展最明显地体现在日常生活的消费方面，作为一个重要的社会发展事实，消费问题却长期受到经济学家的冷遇。或者说，以往对消费的关注更多地集中在其物质性方面，至于消费的意义性方面始终没有进入研究者的研究视野，消费与高雅、抽象的文化是完全不沾边的，是完全分离的两个概念。消费的意义性方面为什么不能进入研究者的视野呢？这有着现实的社会根源，长期以来，

---

① 赵德馨：《中国近现代经济史（1842—1949）》，河南人民出版社 2003 年版，第 9 页。

② 《马克思恩格斯全集》，第 46 卷上，人民出版社 1979 年版，第 26 页。

由于生产水平的限制，人类社会创造出来的物质财富根本上不能满足人们衣食住行各方面的需要，在这样的社会环境中，消费的主要目的是为了获得物的使用价值，消费的意义性方面自然而然地被遗忘了。

今天，众多学者用"消费社会"描述我们所处的社会状态，这既是学者的一种理论概括，更是一种社会现状。消费社会的出现源于20世纪初诞生在美国的福特主义生产方式极大地提高了生产效率，有力地降低了生产成本，另外工人工资的增加极大地提升了社会的消费潜力，这一切催生出全新的大众消费模式，第一次创造了大生产与大市场的完美结合，使消费获得了与生产同等重要的地位，也使西方社会在基本结构上发生了重大变化，即从以生产为主导的社会转向了以消费为主导的社会。社会经济的发展带来社会文化背景的改变，使"消费"一词的含义出现了演变，从一个纯粹的经济学概念转变成一个文化意义上的概念，并且消费的本质从满足人的"需要"（need）转变成满足人们被煽动的消费激情与被刺激的消费"欲望"（desire）。目前，"消费"已经成为当代思想界、学术界的研究热点，其影响已经从经济学扩展到社会学、美学和文学等众多领域，广泛地影响到人类世界。从20世纪60年代开始，出现了研究消费社会的高潮，从这一时期开始，讨论的话题不再局限于评论消费社会的优劣，或者是对消费文化的态度是接受还是拒绝，而是在肯定它已经来临的事实上，以一种更为宽容的学术态度进行研究。

当人类进入丰裕社会之后，社会财富在满足人们的基本需要之外还有大量剩余，生产已经不成为问题了，此时消费的重要性提上了日程表。消费的意义性凸显出来了：消费的意义性相对于其使用功能而言有着越来越重要的作用，使消费者在满足现实需求之外，有了一种更为重要的消费动力。因此，潜藏在消费行为背后的社会文化显得意味深远，在此背景下，本书以消费为切入点，研究文化视阈中的消费经济史，以全新的角度解读社会经济发展带来的文化变迁及其变迁方式与影响。

王宁认为消费历来就具有文化属性，"第一，消费的具体内容是历史地决定的，并构成一个民族、一个群体或一个区域的独特的文化……第二，许多消费活动和文化活动是合二为一的、无法分开的……第三，消费观念也是一种文化（或文化要素）……第四，消费商品的制造与生产不但是个物质生产的过程，而且也是一个文化生产和传导的过程。"① 在消费社会中，消费成为一种文化事件，个体被培训得像消费者那样思考与行事，使之成为消费文化中合格的消费者，同时个体越来越倾向于根据他们的消费水平进行自我身份定位，这与人们原先对消费的理解有着天壤之别。

根据卢瑞的观点，消费文化可以看作当代欧美社会中关于被使用物品的文化——物质文化的一种特殊形式。"消费文化已经通过提供一系列的专业知识促成了一种越来越明显的对自我认同的反省关系，例如有关生活方式、身体健康、流行服装的知识，个人利用这些知识来提高自己的身份。"② 因此，消费不仅仅是一种经济现象，而且是反映各种社会文化现象的消费行为，一件物品的使用通常既是消费又是生产，既是破坏又是创造，既是解构又是建构，消费的过程同时也是一个自我设计的过程。

夏莹博士从辞源学研究入手，她认为文化与消费之间存在内在的契合性。从辞源学上看，"文化"本身蕴涵着物质性（或自然性）和意义性两方面的含义，随着社会历史的发展，文化逐渐失去了物质性的一面，仅剩下了意义性的维度。消费 consume 来自拉丁文 cnsmere，由 cn + smere 两个部分组成，消费可以理解为一种对外物所具有的强烈的获取欲望，消费的物质性和精神性之间必然形成一种张力。夏莹把文化与消费的契合性归结为以下几点："第一，它们都包含着物质性与意义性双重维度；第二，物质性与意义性在社会历史的发展过程中都逐渐形成了一种对立；第三，这种对立又构成了一种批判力量，使二者都具有一种内在的批判性。"③

消费作为一种文化，对当代人的生活影响至深，已经影响到日常生活中的方方面面，每个人都置身于商品的丛林，大规模的消费活动不仅改变了人们的衣食住行，还改变了人们的社会关系，更改变了人们看待这个世界和自身的基本态度，因此当前对消费理论的研究能够激发如此

① 王宁：《消费社会学——一个分析的视角》，社会科学文献出版社 2001 年版，第 9 页。
② ［英］西莉亚·卢瑞：《消费文化》，张萍译，南京大学出版社 2003 年版，第 8 页。
③ 夏莹：《消费社会理论及其方法论导论：基于早期鲍德里亚的一种批判理论建构》，中国社会科学出版社 2007 年版，第 190 页。

持久和激烈的学术讨论。对消费理论的研究可以追溯到 19 世纪末 20 世纪初社会学家凡勃伦、西美尔等人的研究。凡勃伦在《有闲阶级论》一书中分析了"炫耀性消费"的社会和文化机制；西美尔考察了世纪初新的消费模式与城市化、消费与社会时尚之间的关系。他们的研究已经涉及消费与经济发展、生活方式、阶级分层、日常生活中审美体验等问题。20 世纪 40 至 50 年代，法兰克福学派的学者为消费理论研究奠定了重要的基础，提出了著名的"虚假需求"和"消费异化"概念，虽然这些观点现在看起来已经不合时宜了，但正是他们的研究使人们觉察到商品化的力量正在向社会的精神和文化领域中渗透，消费资本主义正在越来越多地主宰着人们的社会意识和社会行动。20 世纪 60 至 70 年代，消费理论研究进入到一个繁荣的阶段，波德里亚的一系列作品对"消费社会"进行了系统论述，研究消费活动中存在的深刻社会和文化意义；布迪厄对现代消费动因进行了社会和文化方面的解释，提出消费是一种建构社会身份的观点，也是文化场域内符号斗争的表现，另外认为消费文化打破了审美消费与日常消费之间的界限；贝尔考察了大众消费社会兴起的原因、特征及社会文化后果，把大众消费当作是造成资本主义文化危机的某种经济层面的影响因素来对待。进入 80 年代以后，不同学科的研究者从不同的角度考察现代消费理论的各个方面，女性主义、新马克思主义、后现代主义以及符号学等诸多理论和方法都介入到消费理论的研究之中，使消费理论研究呈现出全新的面貌。

　　要展开对消费理论的研究，必须首先对"消费"一词进行术语溯源。雷蒙·威廉斯在《关键词：文化与社会的词汇》一书中对"consumption"一词做了详细追溯。Consume 自从 14 世纪起就出现在英文里，可追溯的最早词源为拉丁文 consumere，意指完全消耗、吞食、浪费、花费。在几乎所有的早期英文用法里，consume 这个词都具有负面的意涵，指的是摧毁、耗尽、浪费、用尽。从 18 世纪中叶开始，Consumer 这个词开始以中性的意涵出现在有关中产阶级的政治、经济的描述里。然而，Consume 的负面意涵一直持续到 19 世纪末期。[①] 在资本的原始积累阶段，社会生产

---

　　① 参见 [英] 雷蒙·威廉斯《关键词——文化与社会的词汇》，刘建基译，生活·读书·新知三联书店 2005 年版，第 85—86 页。

水平相对较低，物质财富比较匮乏，消费被看作是一种无意义的消耗，消费应该限定在维持生命的水准上，过多的消费应当尽可能地予以抵制。"消费"一词只具有极少的正面含义，其作用也没有受到充分重视。"甚至到 20 世纪初，医学界和公众还把肺结核称为 Consumption，仅仅在 20 世纪广告人手里，消费才变成了积极的字眼，他们开始把消费等同于选择。最终，消费演化成为人类自由的终极表述，反映出它新的神圣地位。"① 可以说，消费不仅经历了一个从反面到正面的发展过程，还经历了一个"去道德化"的过程。

　　毫无疑问，"消费"从一个经济学的词汇演变成社会学、美学和文学等学科研究的热点，或者说"消费"从一个含道德意味的贬义词演变成一个中性词，进而成为一个褒义词，甚至成为当代社会中个体进行身份认同最重要的方式与途径之一，不断促成消费者在消费观念方面的变更，这从一个侧面鲜明地反映出社会经济的发展。因此，消费社会中的消费不仅是一种行为方式，更是一种文化认同。消费商品不再单纯的出于功能实用性，而是为拥有附着于商品的文化意义和符号价值，文化消费领域对顾客的影响，已经先于产品产生了。可以毫不夸张地说，消费作为一种文化已经构成了一种无处不在的生存环境，理解了消费经济史就理解了社会经济发展的总体过程，能够通过当代纷繁的社会现象，透视出经济发展对日常生活的影响。

　　任何研究都必须有一条贯穿始终的主线，为使本书的结构更加严谨，笔者在众多理论家中选择迈克·费瑟斯通的日常生活消费理论为研究基础，展示文化视阈中的消费经济史。在介绍费瑟斯通的消费理论之前，先对他的身世做一个简单介绍，这对我们深入地了解费瑟斯通其人是很有帮助的。费瑟斯通的成长经历和接受教育的情况都非常普通，他于 1945 年出生于英国约克郡的一个农民家庭，在第二次世界大战期间，费瑟斯通的父亲加入了空军，并在战后继续服务于空军，这使得儿童时期的费瑟斯通有机会跟随父亲游历了很多地方，其中包括亚丁、阿拉伯，并在巴西和日本逗留过很长时期，也到过新加坡和马来西亚。可以说，费瑟斯通并非出生在一个知识分子的家庭，他的家庭没有任何文化氛围，

---

① ［美］杰里米·里夫金：《欧洲梦》，杨治宜译，重庆出版社 2006 年版，第 339 页。

费瑟斯通踏上学术之路极大部分是因为他本人的刻苦与努力。

　　费瑟斯通 1967 年毕业于杜伦大学政治与社会学专业，1973 年在杜伦大学完成他的硕士论文，现任诺丁汉特伦特大学社会学与传播学教授，"理论、文化与社会"中心主任，《理论、文化与社会》杂志编辑，同时也是《身体与社会》杂志编辑之一。他的著作有《幸存的中年》（1982年，与赫普沃斯合著）、《消费文化与后现代主义》（1991 年）、《消解文化：全球化、后现代主义和认同》（1995 年），以及一系列文章。从已经发表的著作来看，费瑟斯通的兴趣非常广泛，他曾经研究过的主题有全球化、后现代主义、消费文化、衰老形象、更年期、文化空间、日常生活等，深入分析可以发现，其实在每个阶段，费瑟斯通的关注目光都有所不同，但他的研究大体是从后现代主义和消费文化这两大的理论视野出发：

　　从 20 世纪 70 年代开始，费瑟斯通就开始了自己的学术生涯，也可以看成是他的学术积累时期，因为这一时期他发表的文章数量较少。从 80 年代初期开始，学术界有关文化工业、异化、世界的工具理性化等方面的广泛讨论，使费瑟斯通开始对消费理论投以关注的目光，他看到消费不再仅仅是生产的反馈，而变成社会再生产的核心，同时，大多数文化活动和表意实践都以消费为中介。他集中关注了消费文化中衰老、身体、生活方式等主题。从 80 年代后期开始，费瑟斯通把目光投向了后现代、全球化进程等方面，当然这种分期方法只是相对而言的，对各个问题的研究大多数情况下是相互贯通和互相影响的。

　　正因为费瑟斯通的学术兴趣点众多，所以他对消费理论的研究并非是一种线性研究方法，即关注消费理论的起源和发展过程，而是把消费理论置于当代的文化语境中进行研究，集中研究他感兴趣的主题。乍看起来，费瑟斯通的理论颇有零散的嫌疑，静心观察之后会觉得他的理论在捉住某一点之后穷追不舍，在旁人视而不见的地方深入思考。消费既被看成是一种主导性文化符号，也被看成是一种全新的社会状态，在一个消费扩散到一切领域的时代，生活方式或者身体这些与我们的日常生活息息相关的主题会发生怎样的变化，人们又是以怎样的方式适应新的日常生活、生活方式和身体？因为消费是日常生活中的不可缺少的行为，体现于日常生活的方方面面，费瑟斯通对于这些问题给出了自己的答案，因此费瑟斯通对消费文化理论的研究虽然不全面，但颇有见地。

具体地说，费瑟斯通对消费理论的研究是与后现代主义联系在一起的，文化对日常生活的侵蚀与扩张，不仅使艺术家作为英雄人物的时代结束了，而且产生了符号与影像的泛滥，"消费社会中的文化被认为是碎片化的符号与形象漂浮不定的大杂烩，它带来了没完没了的符号游戏，破坏了经年不衰的象征意义和文化秩序的基础。"① 高雅文化与大众文化之间的二元对立变得不合时宜了。另外，费瑟斯通总结了对消费理论进行研究的三种视角，在他看来，第一种视角是消费的生产，消费社会意味着不再把消费当做生产的反馈，而将其视作社会再生产的核心，消费文化的任务在于把大众"培养"成合格的消费者。费瑟斯通认为霍克海默、阿多诺、波德里亚、杰姆逊等人的理论都可以放入这一研究视角；第二种视角是消费方式，费瑟斯通认为商品具有象征层面的意义，人们消费商品的同时社会关系也就显露出来了。道格拉斯和伊舍伍德、布迪厄等人的理论可以放入这一研究视角；第三种视角是消费的梦想与快感，这一研究视角把注意力放在对新产品需求的心理方面。在费瑟斯通看来，坎贝尔的研究对消费的梦想、快感方面的研究有开创性的贡献，通过激发消费者消费的梦想、快感、欲望，从而为消费社会开拓出广阔的消费市场，这是消费文化最为成功的地方。

其次，费瑟斯通研究了日常生活中的消费理论，他首次明确提出了"日常生活审美化"的概念，并从三个层面界定了"日常生活审美化"的含义，其定义对国内学者产生了重要的影响，并被多次引用。稍加研究就可发现，国内对费瑟斯通的"日常生活审美化"理论仅仅停留在借鉴与引用的层面，实际上，费瑟斯通从现代社会发掘"日常生活审美化"的种种蛛丝马迹，并对波德莱尔、西美尔和本雅明的理论进行了重新解读。

再次，费瑟斯通明确提出"没有规则只有选择"的观点，认为在当代消费行为中，生活方式不再与特定的阶级地位联系在一起，消费者可以自由地选择生活方式。在费瑟斯通看来，新兴中产阶级坚定地介入流

---

① ［英］迈克·费瑟斯通：《消解文化：全球化、后现代主义与认同》，杨渝东译，北京大学出版社 2009 年版，第 105 页。

行生活方式中，新的消费英雄们，并不是通过传统或习惯而不加反思地接受某种生活方式，而是把生活方式本身当成自我认同与自我提高的途径。费瑟斯通进一步揭示出，在消费社会中，自由选择生活方式的表象下，生活方式实质上是不自由或不平等的。

最后，费瑟斯通关注消费社会背景中的身体，认为身体是快乐的载体，张扬身体的青春与活力。身体是快乐的载体，越来越成为现代人自我认同的核心，可以毫不夸张地说，身体已经发展成为消费文化的一面旗帜。费瑟斯通区分出身体的内部与外部，认为身体形象日益趋向完美，在消费文化中完美的身体等同于完美的生活。费瑟斯通最具创见性的不仅是看到完美身体在消费社会中的意义，而是创造性的提出了消费社会中身体衰老的意义和表现，以及消费社会对待衰老的策略。身体衰老在消费文化中的表现一直被理论家所忽略和漠视，费瑟斯通的研究表明在消费社会中，身体的衰老是个体不成功的标志，消费社会不仅加剧人们对衰老的恐惧心理，同时利用人们对衰老的恐惧拓展消费市场。在费瑟斯通看来，消费文化使衰老本身成为一个问题，催生出中年危机意识，通过重新建构中年形象来发掘中年这一具有消费潜力的消费市场。

第二章

国内外研究概况

第一节　国内研究状况综述

改革开放以来，中国市场经济得到迅速的发展，消费的普遍性与重要性得到了极度地张扬，各种消费理论给人们的观念带来了强烈的冲击，在此语境中，国内学界开始把研究的目光投向消费理论。由于西方早已步入消费社会，他们对消费理论的研究比中国起步得早，因此，国内学界开始大规模地引进这些理论家的理论，这其中也包括费瑟斯通的消费理论。总体来说，国内对费瑟斯通消费理论的研究可以大致分为译介、论文两大部分：

第一，译介：2003 年，汪民安、陈永国在其选编的《后身体：文化、权力和生命政治学》一书中，收录了费瑟斯通《消费文化中的身体》一文，其专著《消费文化与后现代主义》在 2000 年由译林出版社翻译出版，另一本专著《消解文化：全球化、后现代主义与认同》在 2009 年 1 月由北京大学出版社翻译出版。大陆理论界对费瑟斯通的熟知是从《消费文化与后现代主义》一书的翻译出版开始的，尤其是他对日常生活审美化理论独具特色的定义，多次被国内学者引用，对国内学界的消费文化研究，特别是日常生活审美化研究影响深远，开启了一种对日常生活审美化的研究方向。另外，2007 年，费瑟斯通《消费文化与中国饮食在英国》一文被翻译刊登在《江西社会科学》（2007 年第 8 期）上。

同样也有少数学者在其研究的著作中论述了费瑟斯通的相关学术思想。如周宪在《崎岖的思路》（2000 年）一书中介绍了费瑟斯通对于"新的文化中间人"的独特研究，肯定了费瑟斯通把"新的文化中间人"与雅皮士文化现象联系在一起研究的学术价值，这些人将一种学习模式引入生活。在《审美现代性批判》（2005 年）和《文化现代性与美学问题》（2005 年）两本专著中，周宪介绍了费瑟斯通的日常生活审美化理论。陶东风在 2006 年出版的《文化研究》一书中，肯定了费瑟斯通对消费文化中身体的研究成果，同时他结合费瑟斯通的理论，对消费文化中的身体展开了进一步的研究。

第二，论文方面：国内暂时没有专门研究费瑟斯通的博、硕士论文，仅有几篇期刊论文，如邵薇在《遮蔽的重现抑或新的遮蔽——费瑟斯通的"日常生活的审美呈现"之审美意义探析》（《黔南民族师范学院学报》2004 年 5 月）一文中，对费瑟斯通的日常生活审美化理论进行了简单的介绍和梳理；单世联在《作为文化变迁标识的"后现代"：费瑟斯通的反思性研究》（《广东社会科学》2005 年第 5 期）一文中，简要评述了费瑟斯通的后现代主义方法论意识，并对其专著《消费文化与后现代主义》的主要观点进行了总结；李闻思在《浅谈费瑟斯通和他的新百科全书工程》（《雁北师范学院学报》2007 年 3 月）一文中，简要介绍了费瑟斯通的新百科全书工程。除此之外，其他论文并没有专门研究费瑟斯通的理论，多为引用费瑟斯通的观点。通过中国期刊网的数据统计，涉及费瑟斯通理论的文章有三百五十篇左右，多数文章并未对其理论进行深入讨论，大多是对他的个别理论进行引用，引用的情况大体局限在其日常生活审美化和消费文化中的欲望、梦想与快感等方面的理论。

第三，学术讲座：2006 年度 BLCU 国际人文讲坛于 9 月 23 日在北京语言大学隆重举行。本次人文讲坛以"后现代的社会与知识景观"为总主题，迈克·费瑟斯通在此次讲坛中担任主讲。

综上所述，国内学界已经看到了迈克·费瑟斯通消费文化理论的研究价值，但对其理论的研究仍不够深入，只见于零星的期刊文章或专著的某一章节中，并大多停留在引用与介绍的层面，因此，对费瑟斯通消费文化理论的研究还有待深入。

第二节　国外研究状况综述

国外暂时没有专门研究费瑟斯通的专著，但有不少学者在自己的著作或文章中多次引用或讨论费瑟斯通的观点，这不仅说明费瑟斯通的研究成果已经在英美学界产生了一定的影响力，也为本书提供了可以借鉴的资源。

麦克盖根在 1992 年出版的《文化民粹主义》一书中，多次提到费瑟斯通的研究成果，在考察消费观点模式问题上，费瑟斯通有关消费之生产主义者的观点对其有启发作用。

特纳在 1996 年出版的《身体与社会》一书中，介绍了费瑟斯通对消费文化中身体的研究成果，他指出费瑟斯通敏锐地观察到身体在消费文化中所处的突出地位，身体是作为享乐主义实践和欲望的一个领域而出现。

莱昂在 1999 年出版的《后现代性》一书中，介绍了费瑟斯通关于后现代的观点，在他看来，费瑟斯通与鲍曼是研究后现代社会学的两个杰出代表人物，费瑟斯通致力于为后现代主义文化运动定位，而且致力于探究它所预示的"日常体验和实践的广泛文化变迁"① 达到了什么样的程度。

卢瑞在 1999 年出版的《消费文化》一书中，借鉴费瑟斯通分析生活方式的理论。费瑟斯通的观点是教育越来越和流行文化的研究密切相关，这促使新兴中产阶级的产生，从而加速了向后福特时代社会的转变。卢瑞同时指出，费瑟斯通的解释是纯理性的，很少有经验性证据支持他的观点。但卢瑞肯定了生活方式在创造阶层身份过程中的重要性的观点，并在费瑟斯通的理论基础上展开了对自由生活方式追求的研究。

恩特维斯特尔在 2000 年出版的《时髦的身体》一书中，借鉴了费瑟斯通对消费文化中身体的研究成果，正是费瑟斯通的研究表明，从 19 世纪开始，在身体的自我呵斥体制方面有一种戏剧性的增长，人们日益关注外表和保养身体的重要性。

英国学者阿雷恩·鲍尔德温等人在 2004 年出版了《文化研究导论》一书，这是一本流行于英美的文化研究教材，该书不仅肯定了费瑟斯通对消费文化的研究成果，同时指出费瑟斯通明确地将消费文化与后现代主义进行了综合研究，并且特别表彰了他对健康身体研究所具有的突出意义。

---

① ［加］莱昂：《后现代性》，郭为桂译，吉林人民出版社 2005 年版，第 148 页。

第二编

费瑟斯通对消费理论的研究视角

第一章

后现代主义视阈下的消费理论

第一节　一些基本定义的区分

费瑟斯通对消费理论的研究是以后现代文化变迁为背景的，以"后现代"一词所涉及的社会文化内涵为关注基点，展开对后现代文化现象包括消费文化、日常生活的审美呈现、城市文化的描述与研究。在他看来，消费文化与后现代主义之间有着自然而然的碰撞和结合：

> 就我自己而言，对后现代主义的兴趣是我在试图理解消费文化时，碰到了许多难题后激发出来的，也是我去探索由贝尔、杰姆逊、鲍德里亚、鲍曼及其他人所提出的关于消费文化与后现代主义的直接关系而引发出来的……我不仅尝试着把后现代当作由艺术家、知识分子，或其他文化专家所发动的后现代主义文化运动来研究，而且还去探究严格意义上的后现代主义，是如何与可被称为后现代的日常生活体验及实践中广义的文化变迁相联系的。①

这意味着如果我们要了解费瑟斯通的消费理论，必然不能忽略其后现代文化语境。今天"后现代"一词被人们广为谈论，但是当人们谈起"后现代"时，几乎并不知道这个词的确切内涵，这是一个非常有趣的现象。费瑟斯通甚至还说，"谁要是提起'后现代主义'这个词，谁就可能有立刻招来责难的危险：你是在赶风头、追求肤浅十足、毫无意义的知识时髦。"② 不可否认，"后现代"这个词的含义非常模糊，是一个多方面

---

① ［英］迈克·费瑟斯通：《消费文化与后现代主义》，刘精明译，译林出版社 2000 年版，前言第 3—4 页。
② 同上书，第 1 页。

的变化过程，不能轻率地给"后现代"下一个定义，可能最好的办法的是通过不同的领域追寻这一词语的发展轨迹。韦尔施认为"后现代"一词的运用经历了四次提前点火，前面三次都没有成功，只有第四次才导致这个概念在今日发展的起爆。①

如果说在后现代主义刚刚兴起的 20 世纪 60 年代，后现代一词还是离经叛道的代名词的话，那么在今天，后现代已经渗透到当代大众文化的各种不同主题之中。后现代主义（Post‐modernism）是当前大众文化学术研究领域内外都很流行的词汇。费瑟斯通列举了一系列后现代所涉及的艺术、知识与学术领域，让我们认识到"后现代主义"一词的影响之广，这些领域包括：音乐（凯奇，斯多克豪森，布列尔斯，霍罗威，特雷迪奇，劳里·安德森）、美术（劳申伯格，贝斯里兹，马赫，斯纳贝尔，基菲尔，也许还应该包括沃玻尔及其六十多个流行作品，还有其他人，如培根）、小说（冯内古特的《第五屠场》，及巴思、巴塞尔姆、派恩孔、巴勒斯、巴拉德、多克特罗的小说）、电影（《体热》，《婚礼》，《蓝色天鹅绒》，《阉羊》）、戏剧（阿托德的戏剧）、摄影（谢尔曼，莱文，普林斯）、建筑（詹克斯，凡杜里，波林）、文学理论与批评（斯潘诺斯，哈桑，桑塔格，费尔德）、哲学（利奥塔，德里达，鲍德里亚，瓦蒂摩，罗蒂）、人类学（克利福德，泰勒，马尔库塞）、社会学（邓金）、地理学（索嘉），等等。② 虽然这样的分类会引起争议，但我们起码可以从中看出，后现代的影响是跨学科的，在费瑟斯通看来，我们可以把"后现代"假想成一个时代转折的起点。

费瑟斯通把现代与后现代的语族进行了比较，目的是为了澄清后现代概念的一些关键词，分辨现代与后现代之间的区别：

现代： 后现代：
现代性（modernity） 后现代性（postmodernity）
现代化（modernization） 后现代化（postmodernization）

---

① 参见［德］沃尔夫冈·韦尔施《我们后现代的现代》，洪天富译，商务印书馆 2004 年版，第 18—19 页。
② 参见［英］迈克·费瑟斯通《消费文化与后现代主义》，刘精明译，译林出版社 2000 年版，第 2 页。

现代主义（modernism）　　　　　　后现代主义（postmodernism）①

　　在费瑟斯通看来，前缀"post（后）"指的是继"现代"而来，或是与现代的断裂和折裂，这个概念正是通过反向区分的方法来定义的。同时，"后现代"一词更多强调的是对现代的否定，是一种认知的扬弃，它肢解或消解了"现代"的一些确凿无疑的特征。②

　　费瑟斯通首先比较了现代性与后现代性这组词的含义，他认为这组词包涵时代的含义，指的是社会中的经济与管理的理性化与分化过程，人们经常以鲜明的反现代目光来审视现代资本主义工业化国家的形成过程。谈及后现代性就意味着一个时代的转变，或者说，它意味着具有自己独特组织原则的新的社会整体的出现，意味着与现代性的断裂。费瑟斯通列举了众多理论家对后现代性的观点，如波德里亚对后现代性的看法是强调从生产性社会秩序向再生产性社会秩序转变的过程，在再生产性社会秩序中，技术和信息的新形式占有核心地位，由于人们用虚拟、仿真的方式不断扩张地构建世界，因而消解了现实世界与表象之间的区别。利奥塔所谈论的后现代社会主要是向后工业社会秩序的发展，他认为"社会的计算机化"对知识产生了重要影响，语言游戏的多样化代替了宏大叙事，地方主义代替了普遍主义。另外，利奥塔置换对"后现代性"一词的用法，他还认为后现代指的是一种情绪，或更准确地说，是一种心灵状态。费瑟斯通认为对杰姆逊来说，他更愿意把后现代看成是一个更为明确的阶段化概念，而不是一个时代的转变。

　　然后，费瑟斯通对现代化与后现代化这一组词进行了比较。"现代化理论常用来指涉以工业化、科学与技术、现代民族—国家、资本主义世界市场、城市化和其他基本结构要素的增长为基础的社会发展阶段。"③与之相关，后现代化指的是随特定社会过程与制度变迁而来的细微轮廓，在费瑟斯通看来，后现代化这个词的长处在于它指明的是正在实现的过程及其程度，而不是指一个完全的羽翼丰满的社会秩序和社会总体。

---

　　① 参见［英］迈克·费瑟斯通《消费文化与后现代主义》，刘精明译，译林出版社2000年版，第3页。

　　② 同上书，第3—4页。

　　③ 同上书，前言第8页。

最后，费瑟斯通分析了处于文化中心的现代主义与后现代主义这一组词。在费瑟斯通看来，"从最严格的意义上讲，现代主义指的是出现在世纪之交、直到目前还主宰多种艺术的艺术运动和艺术风格。"①他列举了许多在小说、诗歌、戏剧、绘画等领域中的人物，归纳了现代主义的基本特征："审美的自我意识与反思；对喜好声像同步与蒙太奇的叙述结构的拒斥；对实在的自相矛盾、模糊不清和开放的不确定性特征的探索；对喜欢强调解构、消解人性化主体的融合人格观念的拒斥。"②从艺术来理解后现代时，我们会发现现代主义许多方面的特征都已融入后现代主义的定义之中，当时，一些年轻的艺术家、作家和批评家用这个词来表示对"枯竭的"、因在博物馆和学院中被制度化而遭人拒斥的高级现代主义的超越运动。在20世纪七八十年代，用后现代主义理论来解释和判断艺术转向对范围更广的现代性的讨论。③在艺术中，与后现代主义相关的关键特征是：

　　　　艺术与日常生活之间的界限被消解了，高雅文化与大众文化之间层次分明的差异消弭了；人们沉溺于折衷主义与符码混合之繁杂风格之中；赝品、东拼西凑的大杂烩、反讽、戏谑充斥于市场，对文化表面的"无深度"感到欢欣鼓舞；艺术生产者的原创性特征衰微了；还有，仅存的一个假设：艺术不过是重复。④

费瑟斯通倾向于在更广泛的程度上使用"现代主义"与"后现代主义"一词，用来指广义的文化复合体，即作为现代性文化的现代主义和作为后现代性文化的后现代主义。这与丹尼尔·贝尔的观点比较相似，贝尔以政治、文化与经济三个领域相互脱节的思想为基础来研究现代性文化，对他来说，现代主义是一种腐蚀性力量，是宣泄性的和反抗性的文化，它与享乐主义式的大众消费文化一起，颠覆着传统的资产阶级价

---

① 〔英〕迈克·费瑟斯通：《消费文化与后现代主义》，刘精明译，译林出版社2000年版，第10页。
② 同上。
③ 同上书，第10—11页。
④ 同上书，第11页。

值与新教伦理。①同样的，杰姆逊也在较为宽泛的意义上用后现代主义一词来意指文化，并把后现代主义作为一种文化逻辑或文化支配来讨论。费瑟斯通认为在把后现代主义当作一种文化扩张来讨论之前，还需要明白贝尔和杰姆逊对后现代主义的态度。"贝尔和詹明信两人都对后现代主义有一种怀旧式的反动，在他们的'秩序意志'中，他们联合起来反对后现代主义，渴望通过宗教（贝尔）或马克思主义的乌托邦（杰姆逊）来重建受到威胁的社会纽带。"②

　　费瑟斯通指出后现代主义文化有三个方面或三种含义之间的关系上。首先是艺术、学术和知识领域（fields）中的后现代主义。第二个层次，即从文化领域的意义上来思考后现代主义，并去考察它与公众交流的传播、流通方式，考察能够引发知识分子进一步感兴趣的观众反馈效果。第三个层次是指考察符号生产专家与经济专家之间的竞争、权力平衡及其相互依赖关系的变化，原因是伴随战后时期西方国家中高等教育的普及，作为生产者与消费者的符号文化专家群体的权力潜能也得到了增长。后现代主义概念不仅仅是艺术家、知识分子、理论家们在他们各自的场域中，将其作为权力斗争或相互依赖的一部分而加以操纵的一个空洞的符号，它的部分奢望就是要去言指上面提到的这些变迁，并且通过与消费文化的联合进入当代文化的主流。

第二节　文化领域的扩张

　　费瑟斯通指出，现代主义明确地把高雅艺术和大众文化区分开来，高雅艺术是艺术家天才的创作，是不能被一般的人所理解的，在天才的国度，艺术家常常感到自己和大众极为疏远，这一点在波德莱尔的许多诗歌里可以明显看到。因此，现代主义艺术作品表达了艺术家个人的洞察力，以及他们个人的独一无二的对世界的看法。而在后现代主义那里，距离感消失了，高雅文化和庸俗文化、渺小和伟大、艺术和日常生活的

---

　　①　参见［美］丹尼尔·贝尔《资本主义文化矛盾》，赵一凡等译，生活·读书·新知三联书店2003年版，第112页。

　　②　［英］迈克·费瑟斯通：《消费文化与后现代主义》，刘精明译，译林出版社2000年版，第12页。

界限变得模糊了。费瑟斯通简单归纳了后现代主义的主要特征：

> 首先：它是一场运动，从强调整体、系统和统一的宏大叙事的
> 普遍主义抱负，转向强调地方性知识、碎片、融合、"他者性"与
> "差异"。其次，它是对象征等级——在这个等级中品位与价值按照
> 经典来评判——的消解，而它使得高雅文化与大众文化之间的区别
> 在民粹主义当中坍塌。再次，它是一个日常生活美学化的趋势，这
> 种趋势的能量来自于艺术内部的努力与一场所谓的具有模仿性的消
> 费文化运动，前者是要力图消除艺术与生活之间的界限（波普艺术、
> 达达主义、超现实主义，等等），后者则使得符号不断复制的虚幻面
> 遮盖了表象与真实之间的区别。最后，它是对主体的去中心化，主
> 体的认同感和传记般的连续性被碎片以及符号、感觉、"多重精神强
> 度"的表面性展示所取代。①

因为消费文化被认为是碎片化的符号与形象漂浮不定的大杂烩，它
带来没完没了的符号游戏，而这些同样被看成是后现代主义的核心特征，
后现代主义与消费文化实现了完美的结合。因此，费瑟斯通明确指出，
他对后现代主义的兴起主要放在第三和第四个特征上，"它指的就是，在
破碎的符号与影像的轰炸下，个人的认同感垮掉了，因为这些符号将过
去、现实与将来之间所有的连续感统统抹掉，并打倒了所有相信生活是
一项有意义事业的目的论信仰。"②

后现代主义首先是一种时代发展的产物，是一个文化哲学和精神价
值取向的问题，后现代主义实现了文化的扩张，使文化突破狭义文化的
界限，而扩张到无所不包的地步。后现代艺术坚称凡体验到的一切皆可
成为艺术，使艺术渗透于日常生活，从而失去了边界，这不仅颠覆了传
统文化秩序，同时影响了文化标准，文化已经完全大众化了，高雅文化
与通俗文化、纯文学与俗文学、艺术与生活等之间的界限基本消失，已
经很难找到文化的界线："文化在今天已经变成了如此空洞的一个术语，

---

① ［英］迈克·费瑟斯通：《消解文化：全球化、后现代主义与认同》，杨渝东译，北京大
学出版社 2009 年版，第 61—62 页。
② 同上书，第 62 页。

必须承受如此繁杂的各种宣称，而且还涵盖了如此之多的注释，甚至可以说文化包含一切却因此什么都难以辨别，我们还是要说文化应用的无处不在是大势所趋。①更简单明了的表述是，"现在已经越来越不清楚还有没有任何概念是文化概念所不能包括的。"②因此，"后现代"最本质的文化特征之一便是传统精英文化的衰落，文化从"象牙塔"内走出来并且日益"大众化"。费德勒针对精英文化与大众文化的天然界限，一针见血地指出"现在该是结束装腔作势的时候了；因为填平鸿沟也即越过惊人的和可能的之间、真实的和虚构的之间、闺房和财会室之间，以及……的界限。"③

在费瑟斯通看来，后现代主义带来了界线的融合，消解了消费与文化、艺术与日常生活之间的差异，使艺术品进入到人们的日常生活中成为消费品，同时也使商品化进入到文化领域。商品化进入文化意味着艺术作品正式成为商品，商品化的逻辑浸渍到人们的思维，也弥散到文化的逻辑中去了：

> 消费文化则不仅指成为商品的文化产品在生产和突出程度上都得到了提高，而且还指大多数文化活动和表意实践都以消费为中介，消费也越来越多地包含了符号和形象的消费。④

至此，后现代文化宣布自己已从过去那种特定的"文化圈层"中扩展出来，打破了艺术与生活的界限，文化彻底置入人们日常生活，并成为众多消费品的一类。"后现代文化与美学浸渍了无所不在的商品意识，高雅文化与通俗文化的对立在此归于失效，商品禀有一种'新型'审美特征，而文化则贴上了商品的标签。"⑤其后果也许就是菲利普·桑普森所说的，"这种消费文化一经确立，就完全一视同仁，所有东西都成为一个

---

① ［英］弗雷德·英格利斯：《文化》，韩启群译，南京大学出版社 2008 年版，第 131 页。
② 同上。
③ 转引自王宁《超越后现代主义》，人民文学出版社 2002 年版，第 9—10 页。
④ ［英］迈克·费瑟斯通：《消费文化：全球化、后现代主义与认同》，杨渝东译，北京大学出版社 2009 年版，第 105 页。
⑤ 王岳川：《后现代主义文化研究》，北京大学出版社 1992 年版，第 5 页。

消费类别，包括意义、真理和知识。"①

    费瑟斯通认为通过杰姆逊的观点有助于理解后现代主义与消费文化之间的联系。杰姆逊是后现代主义最尖锐的批评者之一，但他又为普及这一概念做出了巨大的贡献，在他看来文化领域的扩张使一切事物都无法避免受到这五花八门的"文化产业"的诱惑，举目都是拙劣的文化形式，矫揉造作则成为文化的特征，"一个崭新的平面而无深度的感觉，正是后现代文化第一个，也是最明显的特征。说穿了这种全新的表面感，也就给人那样的感觉——表面、缺乏内涵、无深度。这几乎可说是一切后现代主义文化形式最基本的特征。"②

    费瑟斯通进一步指出，对于后现代主义与消费文化之间的关系，还可以从关于后现代的经验描述中进行发掘。后现代经验通常的特征是：

>   符号与影像漫无目的的混战、风格的折中、符号游戏、规则的混淆、缺乏深度、混杂、模仿、高度写实、即时性、虚幻与古怪价值的杂烩、强烈的情感承载、艺术与日常生活之间边界的瓦解、形象凌驾于语言、戏谑地陶醉于无意识的过程而反对有意识的客观评价、历史现实感和传统现实感的丢失以及主体的去中心化，等等。③

    后现代主义在审美观念上提倡一种"距离的销蚀"，反抗审美主体与审美对象之间应该存在距离的观点，其目的是为了获得一种即刻反应、冲撞效果、同步感，"审美距离一旦消浊，思考回味也没了余地，观众被投入经验的覆盖之下。心理距离消失后，充满本能冲动的梦境与幻觉的'原本过程'便得到了重视。"④ 在心理距离、社会距离和审美距离逐渐销蚀之后，剩下的仅仅是体验的绝对此在性，即同步感。

    费瑟斯通指出后现代主义推崇的这种即时性、此在性与同步感的审美体验基本上都可以在消费文化的闲暇当中找寻到，"最经常被提及的场

---

① 转引自［加］莱昂《后现代性》，郭为桂译，吉林人民出版社2005年版，第107页。

② ［美］詹明信：《晚期资本主义的文化逻辑：詹明信批评理论论文选》，张旭东编，陈清侨等译，生活·读书·新知三联书店1997年版，第440页。

③ ［英］迈克·费瑟斯通：《消解文化：全球化、后现代主义与认同》，杨渝东译，北京大学出版社2009年版，第106—107页。

④ 王岳川：《后现代主义文化研究》，北京大学出版社1992年版，第129页。

所就是主题公园、旅游景点（迪斯尼乐园是其中的典范）、购物中心、郊外步行街、现代博物馆、城市内贵族化的区域和港区住宅。"①在这些体现消费文化最普遍的场所来说，他们制造出仿制品、符号游戏和令人吃惊的空间，鼓励消费者产生一种儿童般的惊喜。另外，电视因其典型性与示范性的形式，也经常被提及，电视本身就是形象的胜利，抹去了真实与幻想之间的区别，在随心所欲的更换频道中，人们沉浸在一种散乱而漫无目的的观看方式中。在波德里亚看来，电视使得社会事件变成了对"仿佛它已然发生"的一种高度现实性的模仿。随着科技的发展，消费文化制造幻觉与景点的技术也变得越来越精致，对此，费瑟斯通认为从一个人坐在车厢里模仿跨越西伯利亚的铁路之行，到1990年在巴黎展览会上透过窗户看见风景在一张帆布之上展现，再到在迪斯尼世界里模仿"骑行"在细致入微的高精尖世界当中，技术的发展真切给我们制造一种沉浸于经验的感觉中。"消费文化存在着一个更强的能力，那就是它可以迅速地转换规则，以一副'好像'的态度参与到各种经验当中，然后转向考验实现幻觉的技术，而几乎不带任何乡愁般的失落。"②

---

① ［英］迈克·费瑟斯通：《消解文化：全球化、后现代主义与认同》，杨渝东译，北京大学出版社 2009 年版，第 107 页。

② 同上书，第 108 页。

第二章

消费理论的三种研究视角

第一节 消费的生产

费瑟斯通指出，这种研究视角认为从文化的角度理解消费是以资本主义商品生产的扩张为前提的，使消费被纳入到文化研究的视野中，而在这之前，消费长期以来处于经济学的研究范围，并且处于经济学的边缘地位，没有经济学家认为消费存在研究价值，消费处于一种漠视的状态：

> 这种忽视或许是来自于这样一种假设：消费是没有问题的，因为它的基础是购买产品以最大程度地满足自己的欲望，是一个理性概念。这种理性选择可能会在人们的风俗与习惯等社会压力下发生或多或少的变化，对于这一点，大家也仅仅是点头表示认可。①

从费瑟斯通这段话可以看出，古典经济学认为人们对消费品的使用更多地或是完全地关注于商品的使用价值，消费仅仅作为经济活动过程中的一个环节而存在，是与"生产"相对应的概念，生产是第一位的，消费被视为第二位的。传统意义上的消费通常指的是人们为了生存以及在此基础上满足一定的生活舒适与活动的便利而产生的对衣、食、住、行、教育、娱乐等方面的基本需求和发展需要，这是消费的目的。资本主义商品生产的扩张，引起了消费商品、为购买及消费而设的场所等物质文化的大量积累，其结果便是当代西方社会中闲暇及消费活动的显著

① Mike Featherstone, "Cultural Production, Consumption, and the Development of the Cultural Sphere" in 3rd German-American Sociological Theory Group Conference, Bremen.

增长。

　　费瑟斯通认为，霍克海默、阿多诺和杰姆逊、波德里亚等理论家对消费的研究都可以纳入文化这一研究视角。20 世纪以来，资本主义社会的生产技术有了很大提高，工人的工资增长了，但工作时间则降低了，相应的闲暇时间也就增多了。充裕的闲暇时间使得大众渴望拥有更多娱乐，他们利用闲暇时间去进行消遣、旅游等活动。因此，生产力水平的提高使人类社会摆脱了匮乏的状态，消费的自由不再受到限制，有些理论家认为这表明人们控制和操纵消费的机会大大增加了，对此，他们振臂欢呼，认为它带来了更大程度的平等与个人自由。在自由主义者看来，消费者是现代社会的英雄，消费主体构成了现代主体不可分割的一部分，体现了启蒙主义鼓吹的理性、自由、进步的理想。"在景观社会中华丽和快乐的生活对所有的人都是开放的，任何人可以在货架上买到熠熠生辉的物品并且享用娱乐和信息的景观。"[①]然而，消费的自由只是一种假象，在自由的假象之下掩藏着严酷的现实，"但实际上，只有拥有足够财富的那些人才能充分享受到这种社会的利益，他们的富裕来自于受剥削的人的生活与梦想。"[②]穷人能做的就是羡慕富人的生活方式，并激发其对工作努力再努力，期待某一天也能过上这样的生活。

　　霍克海默和阿多诺认为，生产领域中广为人知的商品逻辑和工具理性，在消费领域同样引人注目，随着文化的高雅目标与价值屈从于生产过程与市场的逻辑，交换价值开始主宰人们对文化的接受。[③]高雅文化所奋力追求的最佳产物，如家庭与私人生活的传统结合形式、幸福与满足的允诺、对完全不同的他者的渴望等，让位于孤立的、受人操纵的大众。在阿多诺看来，商品的交换价值完全替代了使用价值，占有支配地位的交换价值完全消除了商品原有的使用价值的痕迹，商品自由地承担了广泛的文化联系与幻觉的功能。独具匠心的广告就能够利用这一点，把罗曼蒂克、珍奇异宝、欲望、美、成功、共同体、科学进步与舒适生活等

----

　　① ［美］斯蒂芬·贝斯特、［美］道格拉斯·科尔纳：《后现代转向》，陈刚等译，南京大学出版社 2002 年版，第 111 页。
　　② 同上。
　　③ 参见［德］马克斯·霍克海默、［德］西奥多·阿道尔诺《启蒙辩证法——哲学片断》，渠敬东等译，上海人民出版社 2006 年版，第 112—113 页。

各种意象附着于肥皂、洗衣机、摩托车及酒精饮品等平庸的消费品之上。从对生产过程的控制转向了对消费过程的控制，通过这种控制，资产阶级向消费者灌输虚伪意识并操纵他们的行为，从而保证了资本主义的稳定，但它把人们从一系列可选择的"良好"的社会关系中"引诱"了出来。

费瑟斯通提醒我们注意，"建构新的市场、通过广告及其他媒介宣传来把大众'培养'成为消费者，就成了极为必要的事情"。①为了实现资本的不断增殖，商品的消费目的就必须超越出使用价值的范围，使商品触动消费者的购买欲望，引导并刺激大众进行消费，并最终使消费者确信这些需要是他们自己的需要。为了实现这一目的，消费文化发挥着强大的意识形态功能，社会控制也需要从生产领域扩展到消费领域，其主要任务就是要"生产出"消费社会所需要的消费者，向他们灌输现代消费意识。因此在现实生活中，一切都是以让人娱乐或享受、让消费者称心如意的名义出现，统治隐藏在温情脉脉的面纱之后，给人造成了统治消失的错觉，难怪人们往往对自己的被迫行为缺乏自觉，以为是自我自主决定的。鲍曼认为消费从一种被迫行为演变成一种上瘾行为，"在一个消费社会中，除了强迫选择的行为——它慢慢地演变成上瘾行为并因而不再被认为是强迫的行为——之外，任何事情都是选择行为。"②

费瑟斯通指出，波德里亚"记号价值"理论同样可以归入消费生产的研究视角中。波德里亚利用卢卡奇与列菲伏尔的理论，得出了与阿多诺相似的结论。所不同的是，阿多诺对交换价值代替使用价值持一种悲观态度，波德里亚则认为消费文化必然导致对记号进行积极的操纵，记号与商品联合生产出"商品-记号"，通过媒体与广告对记号的操纵，记号自由地游离物体本身，并运用于多样性的相关联系之中。波德里亚所发展的商品逻辑的符号学，从对唯物主义的强调，转向了对文化的强调。在他后来的作品中，从对生产的强调转向了对再生产的强调，也即转向了由消解了影像与实在之间区别的媒体无止境地一再复制出来的记号、

---

① ［英］迈克·费瑟斯通：《消费文化与后现代主义》，刘精明译，译林出版社2000年版，第19页。

② ［英］齐格蒙特·鲍曼：《流动的现代性》，欧阳景根译，上海三联书店2002年版，第112页。

影像与仿真的强调。因此，在波德里亚看来，随着社会生产规律的消解，社会关系更趋多变，更少通过固定的规范来结构化，消费社会从本质上变成了文化的东西。其后果就是，记号的过度生产和影像与仿真的再生产，导致了固定意义的丧失，并使实在以审美的方式呈现出来。大众就在这一系列无穷无尽、连篇累牍的记号、影像的万花筒面前，被搞得神魂颠倒，找不出其中任何固定的意义联系。

第二节　消费方式

对一件物品的使用通常既是消费，又是生产，因此消费对象对于消费者不仅具有物质形态上的使用价值，而且在观念形态上，消费对象的符号价值越来越成为人们自我表达的主要形式和身份认同的主要来源，正如费瑟斯通所指出的：

> 如果说，"资本逻辑的运作起源于生产"这个论断是成立的话，那么也可以说，存在这样一种"消费的逻辑"，它表明有一种社会性的结构方式，也即当人们消费商品的时候，社会关系也就显露出来。[1]

在此意义上，消费使社会关系变得明确或固定，具有控制意义的导向，因此商品成为一种手段，提供社会身份信息的来源和社会含义的载体，他人根据其消费方式和消费对象来解读消费者的身份，同时消费者也根据消费方式和消费对象建构自我身份认同。消费本身可以使我们把社会中的人进行分类，商品成为社会地位的标志，传递了人们相互之间的关系。

在费瑟斯通看来，道格拉斯和伊舍伍德较早地研究了商品在划分社会关系界线方面的作用与意义。道格拉斯和伊舍伍德的研究预先设想了一个假定："人们需要物品，是为了使文化的各个范畴得以显现，并且稳

---

[1]　［英］迈克·费瑟斯通：《消费文化与后现代主义》，刘精明译，译林出版社 2000 年版，第 22—23 页。

定下来……假定一切物质财产都具有社会意义，并着重分析物质财产的文化传播用途，以此作为文化分析的主要部分。"①他们认为，物品除了单纯表现个体之间的竞争之外，还有更为丰富的社会意义。"消费是一场仪式，主要功能是让一系列进行中的事件产生意义。"②物质商品不仅有用，而且有意义，我们对商品的享用，只是部分地与其物质消费有关，关键的还是人们将其用作一种标签，例如，我们喜欢与他人共同享用某些商品的名字。

在道格拉斯和伊舍伍德的讨论中，文化人对物品的把握，不仅是对信息的掌握，而且也精道于恰如其分地使用、消费，并能在任何情况下都显出自然、恰当的姿态。在这种意义上，高雅文化商品的消费（如艺术、戏剧、哲学）一定与其他更多的平庸文化商品（衣物、食物、饮料、闲暇追求）的持有和消费有关，高雅文化必须镌刻在与日常文化消费的相同社会空间中。消费者的阶级定义与三类商品的消费有关：与第一产业相应的主类消费品（如食物）；与第二产业相应的技术类消费（如旅游与消费者的资本装备）；与第三产业相应的信息类消费（如信息商品、教育、艺术、文化与闲暇消遣）。通过消费不同的产品可以区分出社会阶级：

> 在社会结构底层，穷人局限于主类消费，而且有大把大把的时间，而在上层消费阶级中不仅要求较高水平的收入，他们还需要有一种鉴别信息产品和服务的能力，这也是他们自身就业的一种资格。这就要求上层消费者，必须终生投资于文化与符号资本，并且为了维持消费活动而投入比下层多得多的时间。③

道格拉斯和伊舍伍德还提醒我们注意，为了赢得在信息类商品竞争中的胜利，产生了高难度的入围障碍和有效地排斥他人的技术。西美尔对时尚的考察同样说明了这一点，时尚本身具有等级性，"社会较高阶层

---

① 罗钢等主编：《消费文化读本》，中国社会科学出版社2003年版，第54页。

② 同上书，第61页。

③ Mike Featherstone, "Cultural Production, Consumption, and the Development of the Cultural Sphere" in 3rd German – American Sociological Theory Group Conference, Bremen.

的时尚把他们自己和较低阶层区分开来，而当较低阶层开始模仿较高阶层的时尚时，较高阶层就会抛弃这种时尚，重新制造另外的时尚。"①上流社会不允许其他阶层挑战他们的社会，总是快速地变化时尚，以此将自己与他人区别开来。

在费瑟斯通看来，人们的购买行为在越来越多的自由时间中起到媒介作用，当谈到商品的消费时，立即使人想起其所消费、购买的一系列广泛的商品，这包括对耐用消费品与非耐用消费品的区分，也包括花费在每个部分上的收入比例的不断变化。

> 例如，一瓶陈年佳酿葡萄酒，也许会赢得极高的声誉及其绝对的优越性，这意味着它从来没有被消费过（开过瓶，并被饮用），尽管它又以不同的方式被象征性地消费着（被人长久凝视、梦寐以求、品头论足、照相和拿在手里摆弄），使人获得了极大的满足。②

在某种情况下，对某种物品的购买，也许是为了通过高额的交换价值来取得声望，费瑟斯通提醒我们注意凡勃伦对"炫耀型消费"的研究，在旧式的破落贵族被迫向暴发的新富交出权力的社会中，象征性消费尤为明显。相反，也有一些商品已经从商品状态中分离出来。在此意义上，费瑟斯通借用莱斯的观点表明当代西方社会中商品的两个象征层面：象征的手法不仅存在于生产过程和市场过程的设计与形象之中，而且，为强调生活方式对社会地位差异的区分，商品的象征属性也会被人们利用和重新调整。③因此，当商品有能力破除社会障碍，消解人与物之间长期建立的联系的时候，相应地也会有一种相反的、非商品化运动，限制、控制和引导着商品的交换。在一些社会中，由于限制了交换的可能性，因而为了交换或供应新的商品，保护并再生产着稳定的身份系统。费瑟斯通列举了"车仔"对巴迪·霍利与爱维斯·普莱斯利1978年原装音乐

---

① ［德］西美尔：《时尚的哲学》，费勇等译，文化艺术出版社2001年版，第72页。

② ［英］迈克·费瑟斯通：《消费文化与后现代主义》，刘精明译，译林出版社2000年版，第23页。

③ Mike Featherstone "Cultural Production, Consumption, and the Development of the Cultural Sphere" in 3rd German–American Sociological Theory Group Conference, Bremen.

神圣化的例子来说明这一点。

正因为消费方式与阶级地位之间存在一种天然的联系，所以某些商品限制在统治阶层中使用，如某一颜色或服饰等，这种消费的限制在欧洲前现代后期持续了很长一段时间，其目的就是为了维持阶级的差别，使人们的身份地位一眼就能够看清楚，然而"到了 14 世纪，一个人的社会地位已经很少再依靠传统的出身标准，而更多地依靠看得见的后天获得的社会身份的标志，比如官职、拥有的土地、房屋、家居装备、外套、仪表"。①与此同时，城市的匿名性使人们有了超出阶层消费的可能，人们已经越来越不容易判断迎面而来的陌生人的阶级地位，这反过来成为促使人们选择新的消费方式的动力。因此，从中世纪开始到 17 世纪，节制个人消费的法令一直没有间断，并且形式多样，有国王的诏告，也有地方官员的条令。"限制个人消费的法令反映了上流社会的一种恐惧心理，他们害怕一旦底层阶级的民众的消费超过了他们的基本需要或社会地位，会导致经济秩序或首先准则的崩溃。"②

> 有关合法品味、分类原则、等级制度与行为得体等方面的知识，却得到了限制，这如同在时尚体系中发生的情况一样。这两种社会之间的中间环节，可能是反浪费法，它扮演着消费调节器的角色，当过去的稳定的身份系统受到来自商品数量与商品可获得性大量涌现的威胁的时候，它指示着什么样的群体能够消费什么样的商品，穿戴何种式样的服饰。③

费瑟斯通指出当代西方社会倾向于属于上面提到的第二种社会，即商品世界时常变换，时尚体系也具有完全的可交换性的地位，在这样一个永远变化的商品洪流中，消费禁令是不可能存在的，只存在如何正确消费的问题，因此消费文化进一步强化了消费方式与阶级地位与自我认

---

　　① ［英］恩特维斯特尔：《时髦的身体》，郜元宝等译，广西师范大学出版社 2005 年版，第 108 页。

　　② 同上书，第 111 页。

　　③ ［英］迈克·费瑟斯通：《消费文化与后现代主义》，刘精明译，译林出版社 2000 年版，第 24 页。

同之间的联系。根据费斯克的研究，牛仔裤不再是劳动人民的象征，而与西部神话密不可分，穿牛仔裤的行为成为"在受约束的环境里创造出一点个人的自由或个人空间，以及在艰辛的生活中找到阳刚身份和共同体。"①由此可知，所有商品均能为消费者所用，在构造有关自我、社会身份认同以及社会关系中发挥作用。

费瑟斯通进一步指出，信息类商品有着高难度的入围障碍和有效地排斥他人的技术，这使得解读商品持有者的地位或级别的问题变得更为复杂。②他认为哈布瓦赫已经提高我们注意，为提高掌握信息、获得商品和服务的能力，并把这些能力作为一种日常实践去保存和维持，就需要时间上的投资，这种投资时间的分配、持续和强度，都是对社会阶层有用的评价标准。因为我们在消费实践中对时间的使用，与我们的阶级习性是一致的，这促使我们有必要对时间预算进行详细研究。正如费瑟斯通所说：

> 生命过程中时间使用的差异，与一个人的阶级地位相关。举例来说，与一部哥达尔电影、一堆泰特画廊中的砖块、一本派恩孔或德里达的书发生际遇并能够理解它们的不同机会，反映了在获得信息与文化资本方面所进行的长期性的时间投资的不同。③

在很多情形下，品味、独特敏锐的判断力、知识或文化资本变得重要了。有了它们，才会使特殊的群体或不同类别的人群，去恰当地理解和分类新商品，并懂得如何去运用它们。

费瑟斯通认为要更好地理解消费方式，就需要了解布迪厄在《区隔》一书中提出的社会品位问题。布迪厄认为品位是一种社会现象，不是一种个人选择的结果，个体通过确立其品位和生活方式的优越性，目的是使自己的身份合法化，当这些原则应用到消费的特殊模式时，人们就认

---

① ［美］约翰·费斯克：《理解大众文化》，王晓珏译，中央编译出版社2001年版，第10页。

② 参见［英］迈克·费瑟斯通《消费文化与后现代主义》，刘精明译，译林出版社2000年版，第25页。

③ 同上书，第26页。

为某种消费对象、消费方式有品味或没有品味。有能力欣赏艺术是一种有品味的表现，因为"解读"艺术需要投入大量的时间，是一种破译、解码活动，"一件艺术作品只对有文化感受能力的人产生意义和趣味，也就是说，这种人拥有由这种艺术作品编成的编码……一个观赏者缺少这种特定的编码，就会迷失在声音和节奏，色彩与线条的一片混乱之中而感到莫名其妙。"①因此，有品味意味着一种认知性的习得方式，是一种文化编码在起作用，用布迪厄的话说就是，"品味具有分类作用，并把分类者也分了类"。②在布迪厄看来，康德式的纯粹审美是属于生活优越的上层阶级的欣赏方式，通过对其他品味的拒绝来维护自己的正统地位，是一种正当化、合法化的鉴赏品味。因为文化消费只有在具备相当的经济能力和文化积累的条件下，投入大量时间才可能培养出来的一种消费能力，所以社会下层民众很少听歌剧、看芭蕾舞。因此，特殊的品味、消费偏好和生活方式实践，与具体的职业和阶层、群体密切相关，通过消费及生活方式偏好，可以使我们具有认同或区分他人品味的判断能力。

除此之外，费瑟斯通提醒我们注意赫尔斯基提到的"地位性商品"③这一概念，在资本主义社会中，"地位性商品"是能够界定社会地位的商品，为获得"地位性商品"使得新商品的生产率不断提高。但是人人都想通过标志性商品获得上层社会地位，对"地位性商品"的普遍追求反而变得只具有相对性了。"经常性地供应新的、时髦得令人垂涎的商品，或者下层群体僭用标志上层社会的商品，便产生了一种'犬兔'越野追逐式的游戏。为了重新建立起原来的社会距离，较上层的特殊群体不得不投资于新的（信息化）商品。"④

费瑟斯通认为文化失序可以存活于理论中，但是在日常实践中，人们总是要对与他们面对面交往的人进行行为举止方面的解读。⑤这促使消费者热衷于新商品本身的知识，学习如何恰如其分地使用它们的知识。

---

① 罗钢等主编：《消费文化读本》，中国社会科学出版社2003年版，第43页。

② 同上书，第48页。

③ Fred Hirsch, The Social Limits to Growth. London：Routledge, 1976, p. 12.

④ ［英］迈克·费瑟斯通：《消费文化与后现代主义》，刘精明译，译林出版社2000年版，第27页。

⑤ Mike Featherstone, "Cultural Production, Consumption, and the Development of the Cultural Sphere" in 3rd German – American Sociological Theory Group Conference, Bremen.

　　这是一种独特的情形，热衷于向上攀爬的群体对消费和生活方式的修养采取了一种学习的态度。对诸如新中产阶级、新工人阶级和新富或新上层阶级而言，消费文化的杂志、报纸、书籍、电视和无线电广播节目等，与自我完善、自我发展、人格转型，个人如何理财、如何搞好社会关系、如何有宏图远略，如何构建完美的生活方式等等，是极其相关的。这里，人们最常见到的也许是这些"自学者"的自我意识，他们通过自己的消费活动来转换原来的身份，获得既得体又合法的标志。①

　　这与布迪厄的符号资本理论密不可分，在布迪厄看来，透露一个人出身与经历的个人品性和分类图式的记号，明显地表现在诸如体形、身体、体重、站立、行走、举止、音调、说话的风格、对自己身体的不满或安静的感觉当中。所以关于行为、态度、品味、礼仪等方面的参考书就显得至关重要了，因为它们能够使这些新来的自学者迅速确定他们的地位等级。当然，"他们的文化活动常常有被旧的上等阶层、贵族和'文化商品之富有者'（即知识分子）贬为粗俗不堪、品位低下的危险。"②

　　费瑟斯通认为，艺术与学术产品可以理解成有边限的商品，它们在社会空间中的流动能力受到一种神圣性的限制，象征生产的从业者为提高学术领域的自主性，严格限制这类商品的供给与获得，目的是为了创造并保护高雅文化。"要达到这种目的，采用的方式包括拒绝市场、排斥任何对此类物品的经济使用方式，并接受一种与成功经济人士相对立的生活方式（以无序对抗有序、以培育不遵守常规的策略、尊崇自然的才能与禀赋来反对成体系的目标与工作等）。"③

第三节　消费的梦想、影像与快感

　　费瑟斯通认为，消费社会注重从"心理动力"的角度研究新产品大

---

　　①　［英］迈克·费瑟斯通：《消费文化与后现代主义》，刘精明译，译林出版社2000年版，第27页。

　　②　Mike Featherstone，"Cultural Production，Consumption，and the Development of the Cultural Sphere" in 3rd German – American Sociological Theory Group Conference，Bremen．

　　③　Ibid．

量出现的原因，与消费生产的理论相比，这一研究视角把注意力放在对新产品需求的心理方面。正如雷蒙·威廉斯所说，消费一词最早的用法是"摧毁、用光、浪费、耗尽"，而这种经济价值的观念总是与短缺联系在一起，"不过，以生产累积增长所必须的纪律与自我牺牲为保证，短缺最终将被克服，而消费者的需要和快感，也因此会得到满足。"①

费瑟斯指出，坎贝尔对消费的梦想、欲望等方面的研究具有开拓性的贡献，我们首先应该了解坎贝尔的理论，才能深入理解费瑟斯通的观点。坎贝尔在《浪漫伦理与现代消费主义精神》一书中研究了浪漫主义与现代消费之间的联系，他认为浪漫主义与现代享乐主义精神有着深刻的关联。根据坎贝尔的研究，人们追求快乐的方式发生了根本的改变，传统享乐主义注重感官享受，即每一种快乐都和具体的活动有关，并且是相对和有限的，在满足和快乐之间有着直接的联系。如古代贵族为了追求感官的享受，故意饿上几天，然后充分享受美食带来的感官愉悦。坎贝尔认为现代享乐主义将快乐与生理满足分离开来，人们在幻想中追求快乐，这与浪漫主义观念密切相关。浪漫主义的源头可以追溯到18世纪，它在根本上是对实用主义、理性主义、唯物主义等现代观念的冲击，寻求由感官所提供的快乐的欲望，这种欲望驱使浪漫主义精神永无止境地追逐新奇与娱乐。现代消费的动力正是对新奇和快乐不可遏制的渴望，现代消费主义的"基本冲动是要在现实中去体验他们想象中的那些戏剧性效果"。②"渴望在现实中体验到在想像中所产生和享受的那些快乐，这种渴望导致了永无止境的对新奇之物的消费。"③消费的功能从仅仅满足基本需要转变成满足欲望，这种自我制造的享乐主义精神，使消费者在消费的殿堂里让想象力任意翱翔，同时琳琅满目的物品呈现在追求新奇的消费者面前，让他们沉湎于占有所有物品的幻觉之中。"消费的核心行为并不是产品实际的选择、购买与消费，而是追求产品形象所赋予自身的

---

① ［英］迈克·费瑟斯通：《消费化与后现代主义》，刘精明译，译林出版社2000年版，第30页。

② Colin Campbell, *The Romantic Ethic and the Spirit of Modern Consumerism*. Oxford：Basil-Blackwell, 1987, p. 89.

③ Ibid, p. 205.

想象的快乐，'真实'消费很大程度上是这种'精神'享乐主义的产物。"①

　　费瑟斯通认为对新奇的追求培养了大众在消费的梦幻世界中宣泄情绪的能力，消费个体享受一种湮没在物品中的快乐。他同时指出"这种愿意活在欲望、迷幻与白日梦的性情，以及投入大量时间对它们加以追逐的能力，在不同的社会群体中各有差异。"②对于宫廷中的贵族来说，时尚的规则不仅被细致化，而且受到限制，宫廷人士不得不遵从服饰、姿态和举止的严格规定。"每个细节都被理解为声望竞争中的工具。品味别人的外表与姿势，搜寻一丝露馅的痕迹，以及花费时间去理解别人的举止和谈吐，都表明一个宫廷人士的生存依赖于计算。"③这可以看出宫廷社会对人们的行为有着严格的规定，这同时体现在贵族的服饰方面。

　　在 18 世纪的大部分时间里，贵族男女在公开场合穿的衣服都是极其考究的。对贵族妇女来说，她们的裙子必须装备齐全而且一定要有足够的长度，有时还要开出叉来以便露出里面的衬裙；她的裙子通常是用缎带、珠宝和纽扣重重叠叠地装饰起来。④

　　为了身份地位，贵族必须在公共场合时刻注意自己的行为，压抑自身情感，这种情感的压抑必须以某种方式获得补偿。因此贵族一方面在私下里更喜欢更加自然、舒适的衣服，另一方面贵族对乡村生活充满忧郁的向往。

　　费瑟斯通指出，在中产阶级身上同样可以看到一种对浪漫的追求，只是这种对浪漫追求与贵族有着明显的区别。中产阶级承受着巨大的压力，甚至是一种双重压力，"那些更有势力、权威和声望的上层群体和在

　　① Colin Campbell, *The Romantic Ethic and the Spirit of Modern Consumerism*. Oxford：Basil-Blackwell，1987，p. 89.

　　② Mike Featherstone，"Cultural Production，Consumption，and the Development of the Cultural Sphere" in 3rd German – American Sociological Theory Group Conference，Bremen.

　　③ Ibid.

　　④ ［英］恩特维斯特尔：《时髦的身体》，郜元宝等译，广西师范大学出版社 2005 年版，第 128 页。

这些方面居于弱势的下层群体，都在给他们施加压力"。①我们可以从贝尔
《资本主义文化矛盾》一书看到中产阶级承受的压力，贝尔认为资本主义
有双重起源："假如说韦伯突出说明了其中的一面：禁欲苦行主义，它的
另一面则是韦尔施·桑姆巴特长期遭到忽视的著作中阐述的中心命题：
贪婪攫取性。"②在中产阶级，尤其是传统的经济专家们身上，我们看到了
一种严律的勤奋工作观念，他们奉行的 19 世纪"自助"式个人主义及后
来 20 世纪撒切尔主义的"内心深处的禁欲"行为准则。在他们的观念
中，消费只是工作的补充，并且被来自生产的许多转移性目标所置换。
在费瑟斯通看来，各种压力促使中产阶级追求一种浪漫主义精神，借此
暂时性地摆脱自我约束，就这样，局促不安与创造性娱乐、自我陶醉式
的情感探索并行不悖。对此，我们可比较贝尔对现代消费社会之悖论的
论述："公司的产品和广告却助长快乐、狂喜、放松和纵欲的风气。人们
白天'正派规矩'，而晚上却'放浪形骸'"。③费瑟斯通对贵族与中产阶
级对浪漫追求的比较，使我们能够更加清楚地认识到，在消费文化产生
过程中浪漫主义所起的作用。费瑟斯通认为，我们不应该把浪漫主义简
单地理解成通过幻想、美梦直接的抒发情感，并转换成对新商品的需求。

　　　　我们应该理解浪漫主义趋势的社会发生学乃在于，它是在跟贵
　　族和中产阶级相互敌对又相互依赖的过程中产生的。这样的压力也
　　许滋养了一种对无拘无束、自由表露和自然而然的生活的浪漫主义
　　向往，它被投射到商品上，并在提供给资产阶级公共领域的时尚、
　　小说阅读和其他流行娱乐当中显露无遗。④

　　因为身体的需要总是有限度的，这促使消费社会对欲望寄予厚望，
虽然要激起欲望需要花费时间、精力和相当的经济支出，但这仍然是一

---

　　①　Mike Featherstone, "Cultural Production, Consumption, and the Development of the Cultural Sphere" in 3rd German – American Sociological Theory Group Conference, Bremen.
　　②　[美] 丹尼尔·贝尔：《资本主义文化矛盾》，赵一凡等译，生活·读书·新知三联书店 2003 年版，第 27 页。
　　③　同上书，第 119 页。
　　④　Mike Featherstone, "Cultural Production, Consumption, and the Development of the Cultural Sphere" in 3rd German – American Sociological Theory Group Conference, Bremen.

桩一本万利的买卖。"消费者行为的精髓，不再是一组可测量的具有明显特征的需要，而是欲望这一比需要更无所指的实体，一个不需要其他证明和理由的自我遗忘、自我驱动的动机。"①消费社会最大程度地激发幻想的自由飞翔，"每一天中的每分每秒我们都能感受到来自环境的诱惑：怎样来想像他或她的生活。这太令人着迷了：……欲望使我们不停地处于幻想之中。"②商品的剩余价值越来越多地是由幻想创造的，正是通过幻想我们才使商品具有生命力，如我们幻想通过一包香烟带来一种现实感、享受感、个人风格和卓尔不群等感觉。消费社会使人们面对无数梦幻般的影像，这些影像向人们诉说着各式各样的欲望，使现实审美化和非现实化。正是在消费社会精心建构的梦幻世界中，消费主体游刃有余地湮没在物体之中，摆脱了具体物体的困扰，并享受一种极致的自由与快乐。"在商品社会里，商品消费欲望是具有传染性的，消费者从来不会满足的，既然商品并不完全是物质性，商品消费就和精神状态有关系，例如，食欲和性欲就不完全是属于肉体的，它还有某些精神的因素，商品也并不是完全依靠其物质性使人满足。"③

---

　　① ［英］齐格蒙特·鲍曼：《流动的现代性》，欧阳景根译，上海三联书店 2002 年版，第114 页。
　　② ［美］约翰·奥尼尔：《身体形态：现代社会的五种身体》，张旭春译，春风文艺出版社1999 年版，第 107 页。
　　③ ［美］杰姆逊：《后现代主义与文化理论》，唐小兵译，北京大学出版社 1997 年版，第199 页。

第三编

日常生活：消费的最佳领域

　　日常生活是与每一个人的生存息息相关的领域，是每一个人都以某种方式从事的旨在维持个体再生产的最基本的生存活动，没有人能离它而去。因为我们终日沉溺在日常生活之中，把它视作理所当然的给定性的王国，日常生活被认为是不证自明、无须思考的，所以很少对其进行反思，这使得日常生活成为一个被忽视、被遗忘的领域。不可否认，与枯燥的理论相比，日常生活要显得有趣许多，但如果没有理论的照耀，日常生活无疑是肤浅的。日常生活是最现实、最具体的生活实践，然而从柏拉图的"理念"开始，西方哲学总体上处于对形而上学的关注中，现实日常生活一般不在他们的关注视野之内，他们大多鄙弃感性的日常生活，而注重理性的精神生活。到了20世纪，日常生活突然成为人们的关注焦点，究竟是什么原因促使哲学家的目光从天堂重返人间？这是一个值得思考的问题。

　　现代工业文明高举理性的大旗，理性的指挥给人类带来了丰盛的物质财富，极大地改变了人类的生存条件。与此同时，理性原则日益控制人们的日常生活，造成了现代生活机械、刻板的特性，完全不同于前现代社会中日常生活的"诗意"。同时，现代社会的高速发展给人带来了焦虑、孤独、空寂和无家可归的感觉，使人置身于一个充满不确定性的、全面异化的机械世界和技术世界之中，失去了"在家"感，生活的意义世界被埋葬了。现代人渴望寻找到精神家园和意义世界，这不仅成为向生活世界回归的重要内部驱动力，同时也是促使现代哲学把日常生活世界从人们习以为常、熟视无睹的背景世界拉回到前台视野的最重要的原因。现代西方哲学向生活世界的回归，不仅是对近代西方哲学危机的一种回应，也是人类面对现代生存困境的一种必然选择。

　　一些敏锐的思想家希望使日常生活摆脱工具理性的统治，并开出审美的世俗"救赎"方案，力图通过审美来救赎日常生活。费瑟斯通指出，消费理论真正实现了对日常生活的重视，同时在日常生活中存在审美泛化的现象，艺术与日常生活之间的界线消失了。美不再是属于上层阶级的特权，审美活动已经远远地超出了艺术的范围，渗透到大众的日常生活中，人们的日常生活广泛地呈现出审美的特征，可以说，日常生活正在被"美化"。在费瑟斯通看来，"日常生活审美化"这一美好的名称是随着消费文化的盛行而出现的美学命题，与消费文化密不可分，他明确提出"日常生活审美化"的概念，并且进一步分析了三种意义上的日常生活审美化，即艺术与日常生活的融合；把日常生活当成艺术品；日常生活中充斥着符号与影像。费瑟斯通特别指出，消费社会中日常生活审美化最重要的是指充斥于日常生活中的符号与影像。毫无疑问，日常生活审美化提高了人们的生存质量，同时提升了人们的审美趣味，培育他们不断追求美好生活的内在冲动。费瑟斯通认为各种审美化现象在现代主义社会中已经出现，因此他重新发掘出波德莱尔、西美尔和本雅明的理论意义，对审美主体、审美体验与审美场所三方面进行了理论追溯。遗憾的是，费瑟斯通明确指出："这个过程是进步还是倒退，我没有什么可说"。[1]因此，费瑟斯通没有进一步研究日常生活审美化的意义，我们必须在费瑟斯通的研究基础之上再前进一步，认真思考日常生活的审美化是否从根本上改变了日常生活刻板、机械与重复的特征。

---

① ［英］迈克·费瑟斯通：《消费文化与后现代主义》，刘精明译，译林出版社 2000 年版，第 113 页。

第一章

日常生活世界

第一节　回归日常生活

一、胡塞尔的"生活世界"

德国哲学家胡塞尔（1859—1939）根据自身所处的时代，敏锐地感受到欧洲社会潜伏的危机，这种危机不是个别的危机，而是西方人性的危机，即理性增长过程中意义消逝的危机。胡塞尔是学自然科学出身的，以数学方面的论文获得博士学位，对自然科学一直心怀敬畏，胡塞尔创立的著名的现象学的最初动机是想使哲学成为一种严格的科学，晚年胡塞尔感觉到自然科学在发展过程中，没有回头探问给予其原初的一切理论和实践的生活世界，他认为"生活世界是自然科学的被遗忘了的意义基础"。[①]而实证科学的"繁荣"带来的最大危机是："现代人漫不经心地抹去了那些对于真正的人来说至关重要的问题。"[②]进一步地说就是，科学技术革命创造了巨大的物质繁荣，人的整个世界观、人生观受到自然科学思维方法的支配，对科学世界的理想憧憬取代了对人生意义与生活目的的追问，作为人的创造物的科学反过来对人实施统治。"实证科学正是在原则上排斥了一个在我们的不幸的时代中，人面对命运攸关的根本变革所必须立即作出回答的问题：探问整个人生有无意义。"[③]

胡塞尔意义上的生活世界是指由人们的直接经验构成的周围的世界，具有前科学、前逻辑的特点，是一个未被主题化和目标化的原初的经验

---

① ［德］胡塞尔：《欧洲科学危机和超验现象学》，张庆熊译，上海译文出版社 2005 年版，第 64 页。

② 同上书，第 7 页。

③ 同上书，第 7 页

世界和直观的感性世界。胡塞尔认为生活世界是一切理念化的前提和基础，"所有的科学都是建立在生活世界的不言而喻的基础上的，因为它们都要从生活世界出发来利用那种对于生活世界的每个目的来说总是必需的东西。"①但是，理念化的成就暗中代替了直接给予的东西，他说"最为重要的值得重视的世界，是早在伽利略那里就以数学的方式构成的理念存有的世界开始偷偷摸摸地取代了作为唯一实在的，通过知觉实际地被给予的、被经验到并能被经验到的世界，即我们的日常生活世界。"②因此，在胡塞尔看来，我们自觉或不自觉地为生活世界量体裁制了一件理念的衣服，即所谓客观科学的真理的衣服，以此来代表生活世界、化装生活世界的一切东西。"正是这件理念的衣服使得我们把只是一种方法的东西当作真正的存有，而这种方法本来是为了在无限进步的过程中用科学的预言来改进原先在生活世界的实际地被经验到和可被经验到的领域中唯一可能的粗略的预言的目的而被设计出来的。"③这意味着，我们注意了发现意义的手段，反而忘记了意义的重要性，活生生的生活世界被逐渐遗忘了。

　　胡塞尔认为生活世界固有的和持久的存在意义的问题就已经对生活在其中的人们具有一种卓越的意义，人们并不总是具有科学的兴趣，即使科学家也并不是始终都处于工作中。"生活世界的问题，或者更确切地说，这个正在对科学家发生着影响并且必定会发生影响的生活世界的问题，只是被称为客观科学的整体内部的一个局部课题。"④因此，在胡塞尔看来，对于人类来说，生活世界始终是先于科学而存在着的，人们的理论中所涉及的只能是这个无限开放的、永远存在未知物的世界。在胡塞尔的表达中，日常生活世界、生活世界或周围世界是同一回事，在他看来这一直觉地被给予的前科学的、直观的、可经验的生活世界领域同科学世界相比，具有优先性。

————————

①　［德］胡塞尔：《生活世界现象学》，倪梁康等译，上海译文出版社 2005 年版，第 268 页。

②　［德］胡塞尔：《欧洲科学危机和超验现象学》，张庆熊译，上海译文出版社 2005 年版，第 64 页

③　同上书，第 68 页。

④　［德］胡塞尔：《生活世界现象学》，倪梁康等译，上海译文出版社 2005 年版，第 265 页。

现代人的整个世界观被实证科学所支配，实证科学排斥意义的探询，科学观念被实证地简化为纯粹事实的科学，科学丧失了生活意义，人生的意义问题在此黯然失色。这一结果一方面导致了片面的理性和客观性对人的统治，另一方面使理性的外衣遮蔽了生活世界的原初丰富性，理念化了的自然开始不知不觉地取代了前科学的直观的生活世界，导致了欧洲文化的危机，这种危机的实质是科学同人的存在的分离，造成人对实证科学的迷信，遗忘了原初性的生活世界。胡塞尔提出的"生活世界"，正是为摆脱科学和哲学对人本身及世界的遮蔽进行的尝试，追问前科学世界中有助于人本身的发展和有助于揭示人的本性的根本性存在。胡塞尔把危机看成一种疾病，要摆脱这场危机就是要摆脱科学世界的束缚和异化，就必须回归生动的日常生活世界，这是他为欧洲人开出的药方。

在20世纪哲学中，胡塞尔第一个开始了回归生活世界的思想历程，主张科学和哲学应当自觉地回归并研究生活世界，其开创性对其后许多思想家都产生了十分重大的影响。

二、维特根斯坦论日常语言

维特根斯坦（1889—1951）已被公认为是20世纪最杰出的哲学家之一，他的思想富有力量和原创性。维特根斯坦早年对数学很感兴趣，他的第一部著作《逻辑哲学论》就表现出高度抽象化、理论化和精确化的特点。在维特根斯坦看来，思想、语言是世界的独特对应物，人类认识取决于语言，对于超出语言的东西人类是无法认识的，"你随着语言一起学到了'疼痛'这个概念"。[①]早年维特根斯坦认为语言是有深度的，为真正符号的本质绞尽脑汁，哲学应该是一种逻辑的澄清活动或语言的治疗活动。在他看来，日常语言带有含混性和歧义性，从日常语言中不可能直接得出语言的逻辑，反而有可能掩盖语言的逻辑形式这样的本质。基于这样的思考，维特根斯坦主张建立用科学语言（即人工语言）来取代日常语言，以此建立完善的数理逻辑体系。

---

① ［英］路德维希·维特根斯坦：《哲学研究》，陈嘉映译，上海人民出版社2005年版，第138页。

正是在对科学语言的研究中，维特根斯坦意识到自己犯下的严重错误，放弃自己早期的哲学思想，认识到哲学应转向生活世界，科学语言或人工语言应该回归色彩纷呈的日常语言，以日常语言的分析代替人工语言的逻辑分析。维特根斯坦承认日常语言的粗糙与不精确，但他进一步看到日常语言是一切事物的根基，认识的进步必须依托在日常语言的基础之上。因此，他在晚年承认了自己曾经的偏激：

> 愈细致地考查实际语言，它同我们的要求之间的冲突就愈尖锐。（逻辑的水晶般的纯粹原不是我得出的结果，而是对我的要求）这种冲突变得不可容忍；这个要求面临落空的危险。——我们踏上光滑的冰面，没有摩擦，因此在某种意义上条件是理想的，但我们也正因此无法前行。我们要前行，所以我们需要摩擦。回到粗糙的地面上来吧！①

维特根斯坦认为日常语言虽然含混，不能完满地符合要求，但却有意义，脱离日常语言是一种危险的行为。因此，他晚年坚持应该把语言回到日常应用上去的观点，"我们把语词从形而上学的用法重新带回到日常用法。"②晚年的维特根斯坦不再坚持逻辑分析，不再从表面语法现象去揭示逻辑形式本身，而是试图通过语言游戏说代替逻辑图画说，展示形形色色的语言游戏，以此还原语言的生活面貌。

在《哲学研究》的第二部分中，维特根斯坦分析了大量的日常用语、图表、图画，如三角形、兔鸭头、图画脸等，以此说明语言的真正意义呈现于丰富多彩的生活形式之中，语言的游戏意义以至于语言的全部意义归根到底来自于生活形式，生活形式是广义的语言游戏，使用语言就是采用一种生活形式。在维特根斯坦看来，形而上学的最大错误在于把语言从日常生活的用法中割裂开来，他主张人们从生活世界出发理解语言，引导人们关注多彩的生活世界。可以说，从生活形式理解语言的意义，揭示了日常语言在社会生活中的作用，是维特根斯坦哲学在研究领

---

① 〔英〕路德维希·维特根斯坦：《哲学研究》，陈嘉映译，上海人民出版社2005年版，第54页。
② 同上书，第56页。

域和研究方法上发生的一个根本性的转变。

维特根斯坦通过回归生活形式，把语言从抽象的逻辑王国中拉回到日常生活世界，在他看来，生活形式是语言乃至于实在的意义来源。在此意义上，维特根斯坦提出了一个与胡塞尔的"生活世界"基本相同的范畴——生活形式。可以说，维特根斯坦对生活形式的回归实际上是在寻找被实证主义所遗忘的人的世界和生活世界，寻找一个安定的家，为陷于危机中的人类寻找精神家园。

三、许茨的生活世界理论

许茨（1899—1959）吸收了胡塞尔把生活世界看成一切意义之源的思想，把日常生活世界当成一个基础性的意义世界，他批评经验科学都把世界当作预先给予自己的对象，却忘了经验科学本身连同其全部工具，都是这个世界的组成成分。生活世界是人类一切活动的原初地，只有返回生活世界，才能真实而具体地认识社会、理解人性。沿着胡塞尔的思路，许茨对生活世界作了更进一步的探索性思考，他在《社会世界的意义结构》、《社会实在问题》等著作中对社会实在本性进行了现象学研究。

许茨明确提出了"日常生活世界"的概念，并且认为日常生活这个被认为理所当然、生生不息、不断运转的世界，是人的实在的前提，同时也是对社会实在进行分析的出发点。在许茨看来，日常生活世界"指的是这样一个主体间际的世界，它在我们出生很久以前就存在，被其他人（Others），被我们的前辈们当作一个有组织的世界来经验和解释。"①因此，这个世界不是每一个个体的世界，而是一个对于我们所有人来说的共同的主体间际世界，这意味着这个世界不是我个人的世界，而是对于我们所有人来说共同的世界，必须与同伴建立联系。主体间的交往是建立在经验储备基础上的，建立在我们自己的经验或者是由我们父母、老师传给我们的经验基础上，人们都以这种"现有的经验储备"为参照图式进行主体间的交往。

许茨认为对待日常生活世界的态度可以称为"自然态度"，最主要的

---

① ［德］阿尔弗雷德·许茨：《社会实在的意义》，霍桂桓等译，华夏出版社 2001 年版，第 284 页。

特点是对于每一个拥有常识的正常人来说，它都是一个被认为是理所当然的世界，每个人在同一个世界中出生、成长、受教育。日常生活世界表现为一种自然而然的既存的现实，不因任何个别个体的能动性而有所改变，个体通常以一种"自然态度"对待这个生活世界。同时许茨指出人在自然态度中也使用一种特殊的悬置，"人并不把他对外部世界及其客体的信仰存而不论，而是与此相反，把他对它的怀疑存而不论。他放进括号里的是这样一种怀疑，即这个世界及其客体可能与它显现给他的样子不同。我们建议把这种悬置叫作自然态度的悬置。"①

许茨发现生活世界具有多重结构，有许多其他"次级宇宙"，我们把实在的特征赋予每一个有限意义域，而有限意义域包括"梦的世界，想象和幻想的世界，特别是艺术的世界，宗教体验的世界，科学家静观的世界，儿童游戏的世界，以及精神病患者的世界"。②正是不同的意义域构成了完整的生活世界，任何一种有限意义域都不能归结为另一种有限意义域。在许茨看来，有限意义域是同一种意识的不同张力的名称，构成了从生到死都完整无缺的世俗生活。

许茨不仅立足"现在"把生活世界区分为直接经验和间接经验的世界，还分别立足于"过去"和"未来"进一步把它区分为前辈人和后辈人的世界。在日常生活世界中，个体不断反思自身的活动过程，把行动建立在一个预先设计的基础上进行，"我在我的想象中把这种预期的行动当作我将来已经做到的事情来观察，当作我将来会进行的活动来观察。"③

从许茨关于"生活世界"的诸规定中可以看出他的"生活世界"主要有以下特征：它作为一个文化世界和意义结构具有先在的给定性；它是一个可重复的、理所当然的经验世界；它是一个以"我"为中心的个体力所能及的熟悉的世界。许茨接受了一个基本的本体论原则：日常生活世界不仅是世俗经验，而且也是任何意义上的人类经验的基础和来源。在此意义上，许茨认为现象学是一种生活世界的哲学，它的主题就是对行动和意识加以证实和解释，是对生活世界得以在其中构造的先验主体

---

① ［德］阿尔弗雷德·许茨：《社会实在的意义》，霍桂桓等译，华夏出版社 2001 年版，第 308 页。

② 同上书，第 311 页。

③ 同上书，第 292 页

性的理解。

现代技术理性的发展使人类失去了存在的精神家园,从 20 世纪开始,哲学家纷纷立足作为价值和意义源泉的日常生活,试图为人类重建意义世界和精神家园,使人从非本真状态下解脱出来,实现人自身的意义。哲学家回归日常生活的愿望在消费文化中得到了最充分的实现,只是这种实现方式与最初的设想有所偏离、误差,甚至是扭曲。

第二节　日常生活的彰显

一、从"漠视"到"重视"

日常生活历来是提供人类生存的物质性基础的来源,日常生活本身的庸常与琐碎,使得它在很长时间内都被认为没有任何研究的价值和意义,不仅理论家不会把关注的目光投向日常生活领域,就是普通人也因为沉浸于日常生活中,对日常生活本身熟视无睹。消费社会对日常生活的依赖使其地位获得了飞速的提升,完美地实现了世纪初哲人们回归日常生活的愿望,经历了对日常生活从漠视到重视的戏剧性转变,只是这种实现的目的与意义与哲学意义上的回归日常生活有着根本性的差异。

如果说在以"生产"唱主角的传统社会中,人们更多注重的是由工作、信仰等内容组成的"非日常生活"的话,那么在以"消费"唱主角的今天,人们更关心的是由休闲、享乐等内容组成的"日常生活"。和以往的社会形态相比,消费社会中的日常生活获得了一种本体论的存在地位,这是因为消费文化不仅消解了日常生活对于非日常生活的依赖性,使日常生活不再呈现出无意义、消极、杂乱的表象,也不再作为非日常生活的反面出现,甚至从某种意义上来说,日常生活演变成为当代消费社会存在的依据,日常生活的意义首次得到全方位的肯定。

列斐伏尔早就 20 世纪初就已经看到消费社会对日常生活的影响与改变,正是他的研究使日常生活成为一个现代性的概念。列斐伏尔指出随着资本主义的发展,对日常生活的控制越加严密,日常生活的复杂性与丰富性逐渐被同质性所取代,他把这种日常生活的社会称为"控制性消费的科层社会"。列斐伏尔没有对日常生活做一个明确的定义,而是做了大量的描述："日常生活是由重复组成的"，"这里任何东西都被计算着，因为任何东西都被数字化了"，"日常生活是生计、衣服、家具、家人、邻居、环境……如果你愿意可以称之为物质文化"。①列斐伏尔开辟了一种新的研究日常生活的理论视角，他认为 20 世纪快速发展的物质文化以史无前例的速度渗透到日常生活中，资本主义的理性控制延伸到了人们的日常生活场域，在人们最应该做出私人化选择的领域，大众传媒让消费者心甘情愿地听从指挥，在此意义上，消费社会控制和占有了日常生活。瓦纳格姆同样指出："从爆裂了的古老神话中产生的细小片段在慢慢坠落，向四周布撒着神圣物的灰尘，布撒着令精神和意志硅化的灰尘。对人的束缚变得不再隐秘，更为粗俗，不再有威力，但数量繁多。那种俯首听命不再出自教士的魔术，而是产生于众多的小型催眠术：新闻、文化、城市化、广告等，都是一些服务于现有秩序和未来秩序的导向性暗示。"②

在波德里亚那里，消费文化是一种世俗化的文化，它面向日常生活，塑造现实生活的意义，真正实现了对日常生活的重视与关注，因为不管何种消费行为的实际"消费地点"都离不开个人封闭的日常生活。波德里亚指出：

> 借此机会，我们可以给消费地点下个定义：它就是日常生活。后者不仅是日常行为举止的新品种。平庸和重复的一面是一种诠释体系。日常性是整个一个生产力的超经验的、独立的、抽象的范畴（政治的、社会的、文化的）以及在"个人"的、内在的、封闭的和抽象的范畴里产生分离。工作、娱乐、家庭、关系：个体重新组织这些时，采用对合的方式，并站在世界与历史的这一边，把严密体系的基础放在封闭的私生活、个人的形式自由、对环境占有所产生的安全感以及缺乏了解之上了。从整体的客体角度来看，日常性是可怜的、剩余的，但是在使"内用的"世界完全自治与重释而所做

---

① Henri Lefebvre, *Everyday Life in the Modern World*. London: Transaction Publishers, 1971, p. 21.

② ［法］鲁尔·瓦纳格姆：《日常生活的革命》，张新木等译，南京大学出版社 2008 年版，第 5 页。

的努力中，它却是起决定作用的，令人安慰的。①

事实确实如此，消费社会正是通过牢牢地控制日常生活而坚不可摧，在当代社会中，生活的绝大部分意义都寄托在日常生活之上，人们不再通过"生产中的关系"来取得自我认同，而是通过日常生活中的消费行为来进行身份界定，沉浸于日常生活中。人们把选择商品、修饰身体外表和旅游度假等日常生活行为当作建构个体身份认同和社会地位的主要手段和显要标志。

从20世纪60年代开始，西方社会的经济变革扎根于日常生活，商品体系主要是从普及的消费中谋取更大的利益，而不是从生产中获益，社会发展的动力从生产向消费和日常生活等领域进行转移。这不仅促使消费文化宣传从储蓄走向浪费、从清教主义转向享乐主义的必要性与迫切性，同时为了巩固和强化自身的统治，消费社会制造出它所需要的日常生活：充满欢乐气息、充斥消费行为和消费欲望的日常生活，而消费者每日重复的一句话就是说他们是幸福和自由的。在瓦纳格姆看来，这种日常生活最大的好处在于，"在经济的入口处进行投资，在出口处则取回更高的增益。"②由此可见，符合消费社会需要的日常生活对于消费社会具有非同小可的意义。费瑟斯通同样指出："注重再生产、生计维持、共同惯例、女性领域、待人接物的能力的日常生活，随着注意工具理性、变迁和牺牲的生产世界的绝对合法性出现问题而获得了自己的生命力。"③

二、"日常生活"与"英雄生活"

费瑟斯通注意到消费社会注重日常生活的一面，日常生活的重要性已经远远超出了非日常生活的重要性。他在《英雄生活与日常生活》一文中，把"英雄生活"与"日常生活"作为一组对立性的概念，详细分析了两者的特色，并说明在不同的历史时期，这两种生活受到区别对待，

---

① ［法］让·波德里亚：《消费社会》，刘成富等译，南京大学出版社2006年版，第9—10页。

② ［法］鲁尔·瓦纳格姆：《日常生活的革命》，张新木等译，南京大学出版社2008年版，第4页。

③ Mike Featherstone, "Heroic Life and Everyday Life" in Mike Featherstone, ed. *Cultural Theory and Cultural Change*, London: Sage Publications, 1992, p. 57.

有着不一样的精神内涵。费瑟斯通认为"日常生活"的概念很难被界定，这一方面因为日常生活是产生我们所有的概念、定义和叙述的最终基础；另一方面是因为日常生活包含了太多不符合正统思想、令人反感的琐碎在里面，很少有理论家冒险发掘这一缺乏理性和条理的领域。①费瑟斯通通过"日常生活"与"英雄生活"之间的比较研究，呈现两者各自的特征，实际上，日常生活天生具有含混性和缺乏一致性，日常生活的许多特征没有被很好地总结和认真地思考，他总结了日常生活最典型的几个特色：

> 第一，它注重每天惯常、重复和习以为常的经验、信仰和实践，这是一个世俗的日常世界，没有触及任何重要和非凡的事件；第二，日常生活被认为是一个繁殖和维持生计的领域，一个预先制度化的领域，在这一世界中许多支持其他世界的事情都是由女性完成的；第三，日常生活强调当下，沉浸在当下的体验和即时性的行动中，不进行任何反思；第四，它强调制度领域之外，自发的共同行为包含着一种非个体性的同在一起的体验感，强调一种在社会交往中与他人同在的愉悦感；第五，对差质性知识的强调，多种声调共时喧哗；言语和"声音的巫术世界"被赋予比写作的直线性更多的价值。②

在费瑟斯通这里，"日常生活"抛开了那些政治、革命等非日常生活的话题，以世俗的衣食住行、喜怒哀乐为主要的组成部分，从单纯的娱乐、狂欢和消费中产生意义。费瑟斯通指出，如果说日常生活以世俗、习以为常和普通为中心，那么英雄生活则是拒绝这种状态，向往着不同平凡的生活。"日常生活是英雄要远离的世界，他留下属于关心和维持生计的人群（女人、孩子和老人），只有彻底地完成了使命后，他才会在欢呼声中回归。因此，存在一个根本的对照，英雄生活是危险、暴力和追逐风险的领域，而日常生活是女人、再生产和关心的领域。在英雄生活

---

① 参见 Mike Featherstone, "Heroic Life and Everyday Life" in Mike Featherstone, ed. *Cultural Theory and Cultural Change*, London: Sage Publications, 1992, p. 58。

② Ibid, p. 57.

中，英雄袒露自己的勇气来证明自己。"①英雄为自己树立了更高的目标而不让自己的生活随波逐流，在英雄生活中有一种强烈的使命感，使生命从内部凝聚力量。费瑟斯通认为在韦伯的生活和著作中充满了英雄的特征，韦伯代表了英雄一类的人，他有一种强烈的责任伦理激励他永不停歇，这一点同样在其著作中得到了体现。如韦伯研究了卡里斯玛，即一种领袖展现出来并要求其追随者效从的牺牲能力，这样的人刻意为自己的生活树立一个终极目标，费瑟斯通根据这种观点考察了英雄的艺术家和学者，如歌德、贝多芬、福楼拜、凡高和马克思、左拉等人。②

在《英雄生活与日常生活》一文的开头，费瑟斯通就引用了伏尔泰的一句话："我不喜欢英雄，他们在世界里制造了太多的喧嚣"，由此可见，英雄生活逐渐失去了吸引大众对它进行仿效的魅力，在此过程中，消费文化发挥了重要的作用。20 世纪在西方发展起来的消费文化不断地与这种英雄主义唱反调，消费文化不仅仅使大众沉迷于平凡性、普通性的日常生活，更重要的是支持与英雄生活形成鲜明对比的反英雄精神和世俗生活的英雄化。"在特定情况下，民间文化欢腾喜悦，普通人的世俗生活，'无质的人'的生活也英雄化了。"③不可否认，英雄在消费社会中仍然是一个重要的形象，生命的冒险、自我牺牲依旧是男性文化中的重要主题，并且消费文化持续不断地推出神话英雄形象与整个英雄传统的模仿拼制品，如电影《夺宝奇兵》、《巨蟒和圣杯》等中的英雄人物形象。④不过，费瑟斯通提醒我们注意这样一个事实：

> 在 20 世纪发展出来的消费文化中，新的民间英雄很少有可能是武士、政治家、探险家、发明家或科学家，而更有可能是明星，有些还是那些需要扮演以前那些英雄的电影明星。⑤

① Mike Featherstone, "Heroic Life and Everyday Life" in Mike Featherstone, ed. Cultural Theory and Cultural Change, London: Sage Publications, 1992, p. 57.
② Ibid.
③ Ibid.
④ Ibid, p. 65.
⑤ Mike Featherstone, "Heroic Life and Everyday Life", in Mike Featherstone, ed. Cultural Theory and Cultural Change, London: Sage Publications, 1992, p. 60.

　　这无异于表明，随着消费文化语境的出现，"英雄生活"的概念经历了转换和变形，英雄形象被篡改和重新定义，消费社会实施的诡计正是通过偷换英雄生活的概念实现了日常生活的胜利。正如洛文塔尔所说，过去的英雄是"生产的偶像"，而现在他们是"消费的偶像"。①在此意义上，消费社会中的"日常生活"巧妙地战胜了"英雄生活"。

---

　　① Lowenthal. L, Literature, *popular Culture and Society*. California：：Pacific Books, 1961, p. 116.

第二章

日常生活审美化

第一节　泛审美化现象

消费社会的目标不仅仅是要使日常生活战胜英雄生活，更重要的是要实施对日常生活的改造，从而创造出符合消费社会要求的日常生活，而以审美化的方式改造日常生活，并使生活具有某种特殊的风格是消费社会的必然策略。如果说在列斐伏尔那里，让日常生活成为一件艺术品仅仅是一种口号，那么消费文化明确地告诉每一个人，日常生活应该是一件艺术品，应该充满美，"它吸引人的地方在于，它认为生活本身就应当是艺术品，而艺术只能在同社会，尤其是资产阶级社会习俗作对的过程中表现自己。"①通过艺术来美化日常生活的思想由来已久，如杜尚说："我最好的作品是我的生活。"②不难看出，艺术家提倡用审美来提升日常生活，把日常生活当作艺术品来经营，力图提高日常生活的地位，但这种融合日常生活与艺术之间界线的企图仅仅停留在理论层面，或仅仅在社会小范围中产生影响。

审美曾经具有神圣地位，被尊敬地供放在艺术的殿堂中，康德美学发展的一种有影响的传统就是审美鉴赏判断要与审美客体保持审美距离。与之相反，消费文化中的美学或艺术从精英化和贵族化的领域进入普通大众的日常生活，成为日常生活的一部分，"审美"被引向了日常生活领域，艺术的神圣性与生活的世俗性之间的界限日趋模糊，日常生活越来越具有审美的因素，世俗的生活变得艺术化了。毫不夸张地说，审美因素不断地向生活领域转移和扩张，美在当今的日常生活中获得了最为丰

---

① ［美］丹尼尔·贝尔：《资本主义文化矛盾》，赵一凡等译，三联书店 2003 年版，第 65—66 页。

② ［法］卡巴内：《杜尚访谈录》，王瑞芸译，广西师范大学出版社 2001 年版，第 136 页。

富的表述形式，渗透在生活的每一个细节中，现实作为一个整体被全面地审美化了，我们几乎无时无刻不在遭遇一种审美化的现实，因此，"日常生活审美化"已经成为一个不容我们回避的文化事实和社会现象。

日常生活审美化不是自古就有的文化现象，它是建立在社会生产力极大发展、物质极大丰富的基础之上的，因此它与资本主义的现代化进程密切相关，在消费社会中获得了自身的存在方式，即通过商品与审美联手对人们的日常生活进行一种全新的美学重构。在传统文化中，审美仅仅发生在文学、音乐、美术、雕塑、戏剧等领域，这一切在消费社会中完全改变了，仔细观察会发现审美泛化表现出的惊人力量：从电影、电视、广告、流行歌曲，到杂志、时装，再到环境设计、城市规划、居室装修等，"美"的事物肆无忌惮地充斥在日常生活的每一个角落，日常生活中一切琐碎的事物都成为审美的领域，透露出一种艺术化、审美化的特征和趋势，所有的一切都是以审美的名义进行的，细心地关注人们生活的每一个细节。正如费瑟斯通所说："在生活环境的格局和日常见闻中四处可见的广告、影像和出版物的发展，足以说明消费文化加强了日常生活的这种美学化的程度。"①在现实生活中，越来越多的方面正在披上美学外衣，韦尔施认为当代社会正经历了一个铺天盖地的审美化过程：

> 审美化过程最明显地见之于都市空间中，过去的几年里，城市空间中的几乎一切都在整容翻新。购物场所被装点得格调不凡，时髦又充满生气。这股潮流长久以来不仅改变了城市的中心，而且影响到了市郊和乡野。差不多每一块铺路石、所有的门户把手和所有的公共场所，都没有逃过这场审美化的大勃兴。"让生活更美好"是昨日的格言，今天它变成了"让生活、购物、交流和睡眠更加美好"。②

韦尔施的观察是敏锐的，用美学来改变生活和现实是人类古老的梦

---

① Mike Featherstone, "Heroic Life and Everyday Life", in Mike Featherstone, ed. *Cultural Theory and Cultural Change*, London：Sage Publications, 1992, p.57.

② ［德］沃尔夫冈·韦尔施：《重构美学》，陆扬等译，上海译文出版社 2006 年版，第 4 页。

想之一，只是这一梦想在当代社会以最简单、表层和肤浅的方式实现出来。然而，这一切不得不让人感叹日常生活呈现出华丽的外表：映入眼帘的是光彩动人的形象、苗条的身体、时尚的生活，真实的世界演化为美丽的影像和符号。因此，我们生活在形象之中，依赖于形象，并且通过形象来看待真实世界，形象成为我们不可或缺的日常生活必需品。在此意义上，美学的神奇诱惑到处存在，各种艺术手法及艺术创新被大量运用于广告创意之中，广告越来越具有审美与艺术气息，消费者生活在符号和影像的包围和宣传中，实在与影像被混淆了，对视觉形象的追求达到了巅峰，由此被刺激起来的消费欲为消费社会奠定了坚实的基础。

　　另外，西方许多著名学者都对日常生活审美化有所论及，波德里亚把这一现象称为"超美学"，即审美观念和艺术进入了一个被广泛扩张和泛化的过程，审美观念不再局限于传统的艺术领域，而是渗透到经济、政治、文化以及日常生活当中，以至于现在所有的东西都成为一种美学符号，形成日常生活的审美化趋势。在《后现代主义与消费社会》一文中，杰姆逊认为后现代主义的文化已经从过去那种特定的"文化圈层"中扩张出来，进入人们的日常生活，成为消费品，这与传统的美学观念有着鲜明的区别：

　　　　德国的古典美学家康德、席勒、黑格尔都认为心灵中美学这一部分以及审美经验是拒绝商品化的；康德将人类活动分为三类：实际的、认识论的和美学的；对康德以及以后很多美学家甚至象征主义诗人来说，美、艺术的最大长处，就在于其不属于任何商业（实际的）和科学（认识论的）领域……美是一个纯粹的、没有任何商品形式的领域。而这一切在后现代主义中都结束了。在后现代主义中，由于广告，由于形象文化，无意识以及美学领域完全渗透了资本和资本的逻辑。商品化的形式在文化、艺术、无意识等领域无处不在，正是在这一意义上我们处在一个新的历史阶段，而且文化也就有了不同的含义。①

---

　　① ［美］杰姆逊：《后现代主义与文化理论》，唐小兵译，北京大学出版社 2005 年版，第145 页。

　　由此可知，消费社会中的日常生活充斥着审美的因素，整个社会正
在经历着日常生活的审美化过程，审美不再是少数精英阶层的专利，美
和艺术渐渐褪去了原来神秘的外衣，成为日常生活中一件普通的装饰品
与点缀物，这是一个翻天覆地的变化。美学与日常生活的结合代表了美
学向日常生活的回归，在此过程中，审美借助消费完成了对日常生活的
殖民，同时消费利用审美达到了无孔不入的程度。

　　在消费文化的推动下，日常生活审美化成为一种存在于当代社会中
的文化景观，费瑟斯通对日常生活审美化提出了自己的见解，他认为可
以从三种意义上理解日常生活审美化。

第二节　三种意义上的日常生活审美化

　　费瑟斯通在1988年4月新奥尔良的"大众文化协会大会"上讲演时
明确提出了"日常生活审美化"这一概念，他从消费文化语境对日常生
活中的审美化现象进行了详细的研究，这为其后的日常生活审美化研究
开启了一条重要的研究道路。在费瑟斯通看来，消费社会促进艺术与日
常生活之间界限的消解，高雅文化与大众文化逐渐融合，日常生活以审
美的方式呈现出来，并使生活具有某种特殊的风格。同时，费瑟斯通认
为艺术与日常生活之间界限的超越可能有很长的历史，"后现代性体验，
特别是对日常生活的审美呈现、它的阐释与详尽表述，以及文化专家们
的推波助澜等的强调，可能已有很长的历史了。"[①]他具体从以下三种意义
上谈论日常生活的审美呈现。

一、艺术与日常生活的交融

　　费瑟斯通认为第一种意义上的日常生活审美化是指艺术与日常生活
的交融，"首先，我们指的是那些艺术的亚文化，即在第一次世界大战和
本世纪二十年代出现的达达主义、历史先锋派及超现实主义运动。在这
些流派的作品、著作及其活生生的生活事件中，他们追求的就是消解艺

---

　　① ［英］迈克·费瑟斯通：《消费文化与后现代主义》，刘精明译，译林出版社2000年版，
第95页。

术与日常生活之间的界限"。①费瑟斯通认为艺术与现实之间关系的演化是一个历史过程，同时消费社会对于艺术与日常生活之间界限交融起到一种促进作用。我们应该先梳理一下艺术与日常生活之间关系的发展史，方能深入理解费瑟斯通的观点。

（一）艺术源于生活

在前现代时期，艺术被认为是对自然环境、现实生活等的再现或模仿，被看作为一种"技艺"或"手艺"。艺术摹仿自然的观点源于柏拉图，他认为"文艺是自然的摹仿"，这个"自然"是以"理式"为蓝本的，"理式"是第一性的，"自然"是第二性的，"自然"只是"理式"的"摹本"和"影子"。文艺摹仿自然，只能是摹仿事物的"外形"和"影像"。因此，在柏拉图的观点中，艺术世界依存现实世界，现实世界又依存理式世界，只有理式世界才是永恒不变、超越时空的真理。

亚里士多德抛弃了柏拉图摹仿说的"理式"概念，他不仅肯定了艺术摹仿对象本身的真实性，而且肯定了艺术比现实中存在的个别更真实，指出艺术摹仿的创造性和深刻性。文艺复兴时期，艺术源于生活的观点得到进一步深化。塞万提斯认为艺术以摹仿自然为任务，"它所有的事只有摹仿自然，自然便是它惟一范本；摹仿得愈加妙肖，你这部书也必愈见完美"。②艺术要做到真实地反映自然、社会和时代生活，使艺术既来源于自然，又高于自然，既反映现实中的一切，又似乎是与现实不同的"第二自然"。

莎士比亚认为现实是艺术的源泉，艺术必须摹仿现实，但他同时指出现实比艺术更丰富、更美好。莎士比亚虽然很重视艺术真实反映现实，但他并没有把艺术真实与现实本身等同起来，一方面是因为日常生活的庸常与琐碎及对人性内在自由的压抑使得它在很长时间都成为审美视野之外的东西；另一方面艺术从生活中获取了创作的灵感及题材，一度以模仿生活为创作原则，但是日常生活始终无法以全貌的形式展现在艺术领域中。

①　[英] 迈克·费瑟斯通：《消费文化与后现代主义》，刘精明译，译林出版社 2000 年版，第 95—96 页。

②　伍蠡甫：《西方文论选》，上卷，上海译文出版社 1979 年版，第 208 页。

黑格尔关于美最一般的定义是"美是理念的感性显现"①，把美和艺术看成是绝对理念的派出物，从而否定了美和艺术的客观的现实根源。但在谈及艺术创造时，他又颇具唯物主义色彩，他指出："在艺术和诗里，从'理想'开始总是很靠不住的，因为艺术家创作所依靠的是生活的富裕，而不是抽象的普泛观念的富裕。在艺术里不像在哲学里，创造的材料不是思想而是现实的外在形象。所以艺术家必须置身于这种材料里，跟它建立亲切的关系；他应该看得多，听得多，而且记得多。"②因此黑格尔主张艺术创造要从现实生活出发。

19世纪初形成的现实主义文学思潮，最有代表性的体现了艺术来源于生活的思想，现实主义作家都倡导面对现实、反映现实、再现生活真实的重要性。巴尔扎克是现实主义理论的集大成者，他的《〈人间喜剧〉前言》是现实主义文艺理论的重要文献。巴尔扎克十分重视文学的细节真实，认为细节真实构成了艺术真实的基础，他指出艺术以现实为基础，但生活真实并不等于艺术真实，艺术的使命是将自然的、分散的生活现象经过典型化的过程，组成一幅统一、理想的艺术画面。"一个作家只要刻意从事这类谨严的再现，就可以成为绘制人类典型的一名画师，或多或少忠实的、成功的、耐心的或大胆的画师；成为私生活戏剧场面的叙事人，社会动产的考证家，各种行话的搜集家，以及善恶劣迹的记录员。"③因此，在巴尔扎克看来，艺术来源于现实但又高于现实。

从古希腊的"摹仿说"到文艺复兴的"镜子说"，直至19世纪现实主义文学思潮的形成，这段时期的艺术家有的认为艺术不如现实，现实比艺术更真实；有的认为艺术高于现实，比现实更真实，但他们都有一个共同点，即都肯定了艺术与现实之间的差异与距离，艺术就是艺术，现实就是现实，不管何者更真实，两者之间存在不可模糊的界限。

（二）艺术自律

现代主义最大的特点就是打破了曾经被认为是天经地义的原则，艺术不再跟随现实的脚步亦步亦趋，艺术的自主性逐渐得到人们的重视。从浪漫主义开始，艺术的自律性就开始张显出来，费利德里希认为"诗

---

① ［德］黑格尔：《美学》，朱光潜译，第1卷，商务印书馆1979年版，第142页。
② 同上书，第357—358页。
③ ［法］巴尔扎克：《人间喜剧》，多人译，第一卷，人民文学出版社1994年版，第8页。

纯粹是传达上帝的内在的永恒的语言"，"艺术乃是上帝在世间的可睹现象"。①因此，他忠告诗人不要对人世过于"关心"而堵塞了皈依上帝的大道，同时丧失了诗的神圣本质。

唯美主义以"为艺术而艺术"为口号，公然向传统文艺挑战，其思想影响了其后的形式主义、直觉主义及其他现代派理论。戈蒂叶是唯美主义的旗手，"艺术无功利"是他的核心观点。戈蒂叶认为艺术不仅独立于道德和政治之外，也与一切实用的功利目的无关，"真正称得上美的东西只是毫无用处的东西。一切有用的东西都是丑的，因为这表明了某种需要。而人的需要就像其可怜的虚弱的本性一样是极其肮脏、令人作呕的——一所房子里最有用的地方就是厕所"。②

王尔德作为唯美主义最具代表性的学者，他认为客观世界是毫无意义的，因为现实生活没有实际的价值，对于生活的客观描写是毫无意义的，社会生活中的声音、色彩等只有诉诸到艺术家的感官，经过艺术家的内心体验才能转化为审美意象。他认为不是艺术摹仿自然，而是自然摹仿艺术：

> 自然是什么呢，自然不是生育我们的伟大母亲。它是我们的创造物。正是在我们的脑子里，它获得了生命。事物存在是因为我们看见它们，我们看见什么，我们如何看见它，这是依影响我们的艺术而决定的。……现在，人们看见雾不是因为有雾，而是因为诗人和画家教他们懂得这种景色的神秘的可爱性。也许伦敦有了好几个世纪的雾。我敢说是有的。但是没有人看见雾，因此我们不知道任何关于雾的事情。雾没有存在，直到艺术发明了雾。③

在《谎言的衰落》中，王尔德提出自然是单调、无意义的，是艺术发现和拯救了自然，一无是处的自然的唯一作用在于给艺术提供原料。"艺术真正向我们揭示的，是自然在构思上的不足，是她那难以理解的不

---

① 转引自伍蠡甫《欧洲文论简史》，人民文学出版社 1985 年版，第 253 页。
② 赵澧、徐京安主编：《唯美主义》，中国人民大学出版社 1988 年版，第 44 页。
③ 同上书，第 133 页。

开化状态，她那令人惊奇的单调乏味，她那绝对未经加工的条件。"①

从戈蒂耶到王尔德再到佩特，始终如一地认为审美是对日常生活局限的超越。"为艺术而艺术"体现了现代主义思想家们的一个更大的企求：促使艺术与日常生活进一步分离，将艺术和生活彻底区分开来，确立艺术创造的独特地位和自主意识。这一精神在其后的象征主义中同样得到了体现。象征主义是19世纪80年代出现于法国，后来遍及欧美的文学流派，这一流派强调文学的象征本质。爱伦·坡作为象征主义理论的代表人物，他认为把诗歌作为道德感化和传达真理的手段是对诗本质的歪曲和损害，诗歌的目的是为了创造神圣美，他所指的神圣美超脱于客观物质世界，属于彼岸的辉煌，超越时空，具有永恒的价值。从他开始象征主义诗歌脱离社会现实，走上"纯诗"的发展道路。波德莱尔并不否定现实世界的客观实在性，但他认为客观世界背后还隐藏着更真实的另一世界，即超验的审美世界。在他看来，诗人应该运用想象力去透视现实世界，穿越表象，洞悉其中的感应关系，发掘深藏的超自然的"精神上的含义"，从而创造出能表现"最高的美"的永恒的艺术世界。马拉美作为象征主义的领袖，他主张把诗歌变成超尘脱俗，独立自足的审美形态，从而把艺术世界与现实世界区分开来。

以俄国形式主义学派为代表的理论家明确提出艺术作品的价值在于"艺术性"，而作品的艺术性要通过艺术作品的"陌生化"来获得，即要对司空见惯的生活对象进行变形和夸张，通过这种方式来改变人们惯常的思想认识和日常观念，借此摆脱自然和社会生活的束缚。什克洛夫斯基明确信奉文学的自足性，在《作为手法的艺术》中提出了艺术是独立存在的世界的理论主张，"艺术永远独立于生活，它的颜色从不反映飘扬在城堡上空的旗帜的颜色"。②日常生活中习以为常的行为模式成为无意识活动，完全机械化、自动化了，而艺术之为艺术，就在于它把我们从无意识深处唤醒。

在现代艺术观念中，审美具有超越陈旧平庸的日常生活和价值观念的潜在力量，艺术可以弥补生活的不足，而生活必须经过蒸馏、提纯才

---

① 赵澧、徐京安主编：《唯美主义》，中国人民大学出版社1988年版，第105页。
② ［俄］维克托·什克洛夫斯基等：《俄国形式主义文论选》，方珊等译，三联书店1989年版，第11页。

能成为艺术，因此艺术是对生活的超越，奠定了艺术高于生活的地位。一个明显的事实是，此时艺术与生活之间的界限依然存在，甚至是一种更为分明的存在，后现代主义正是要极力消解艺术与生活之间的区别和边界。

（三）艺术与日常生活的融合

后现代文化的特点之一就是艺术与日常生活之间的界限被打破，甚至消失，这一切源于精神危机带来的怀疑精神。19世纪是人类科学技术兴旺发达的时期，特别是能量守恒和转化定律、细胞学说、生物进化论三项科学发现，使人类相信伴随着科学技术力量的进步，人类必然走向光明与幸福的未来。第一次世界大战毫不留情地摧毁了人类对未来的美好期待，同时使人类对科学技术的进步所带来的文明产生了怀疑。伴随着怀疑情绪而产生的是对理性和逻辑思维的否定和批判，在人们中间造成了一次空前的精神危机，其表现是年轻一代的愤怒反抗，反对一切、打倒一切成为当时的实际情况。达达主义、超现实主义以及整个"先锋派"正是在这样的精神氛围中产生出来的，在他们的作品、著作及活生生的生活事件中，追求消解艺术与日常生活之间的界限。费瑟斯通指出消解艺术与日常生活之间的界限是一个双向过程：

　　　　首先是对艺术作品的直接挑战，渴望消解艺术的灵气、击碎艺术的神圣光环，并挑战艺术作品在博物馆与学术界中受人尊敬的地位。其次是与之相反的过程，即认为艺术可以出现在任何地方、任何事物上。大众文化中的琐碎之物，下贱的消费商品，都可能是艺术（这里使人想起华霍尔与流行艺术）。艺术还可以出现在反作品中得到发现：如偶然性事件、不可列入博物馆收藏的即兴即失的表演，同时也包括身体以及世界上任何其他可感物体的活动。①

达达主义力图打破传统艺术与生活之间泾渭分明的界限，通过直接取材于现实的实物，获得一种进入日常生活的直接方式。特别是阿尔普

---

① ［英］迈克·费瑟斯通：《消费文化与后现代主义》，刘精明译，译林出版社2000年版，第96页。

和马克斯·恩斯特随意使用报纸、照片和现成材料，等等，用扭曲、变换位置等手法进行处理，对普通的生活用品进行一次再创造。"他们的目的就是要通过这种荒谬的东西，使人从麻木不仁的状态下惊醒过来，睁开眼睛看看整个世界的荒诞不经。"①同时，"达达"一词本身就消解了传统艺术的神圣光环，这一名称有着一种戏剧性与偶然性。在1916年2月8日，达达主义的核心人物特里斯当·查拉用一把裁纸刀插入一本词典中，碰巧落在"达达"这个词条上，一群年轻人便用"达达"作为他们精神的代名词，因此"达达"本身没有任何意义，仿佛只是为了等待这场运动的来临而存在。

　　达达主义之后的超现实主义诞生于法国，"超现实主义"一词是法国诗人阿波利奈尔的首创，最早出现在他为法国作家让·科克托的芭蕾舞剧《炫耀》所写的介绍文章中，该词表达了布雷东及其追随者在这场文艺运动中的追求，那就是超自然的、无意识、无理性的精神自由。第一次世界大战的亲身经验，使布勒东、阿拉贡这样的热血青年走出艺术的"象牙塔"，回到现实世界中来，因此，超现实主义不是对现实漠不关心，而是发挥艺术家的创造性，不是一味的摹仿。为了表示与传统艺术的彻底决裂，超现实主义艺术家放弃了通常的艺术创作形式，故意选择被人们扔进垃圾箱的废旧物品作为创作素材，这样做的目的不仅是蔑视公认的审美标准，而且存心使艺术作品无法被当作商品来交易。例如他们利用废弃的生活用品创作现成品艺术，用集合成像的技术把照片碎片和印刷字体合成艺术作品，用拼贴的手法处理各种印刷品碎片等。

　　在对艺术作品的直接挑战中，"先锋派"把艺术与生活的纵深关系改写成平面关系，消解了艺术对生活的审美超越属性，艺术不再需要对生活进行过滤、筛选、升华，而是简单的移植，生活就是艺术，无须超越。今天，我们日常生活中的方方面面都裹上了一层审美的外衣，任何事物都可以当成艺术来看待，一方面，艺术作品不再是对现实的模仿或者创造，它与生活的界限消失了；另一方面，艺术创作不再被看作是天才的创造，艺术被视为一个行为，是一种参与的过程。"纯粹的艺术品"作为一种被"贵族"垄断的语言失去了主导社会交流秩序的功能，"贵族"或

---

　　① 老高放：《超现实主义导论》，社会科学文献出版社1997年版，第11页。

艺术家不再担负对"美"和"真理"进行守护和宣告的权利，从而给予大众一个审美的公共空间。

在此背景中，传统艺术不屑的"现成品"开始堂而皇之地进入艺术的领域中，具有标志性意义的事件是，1917 年杜尚把一个小便器取名为《泉》送到艺术展厅，当时的委员会拒绝了它，一个明显的理由就是它不是艺术，可短短几十年之后，杜尚的《泉》成为博物馆中的珍品。对此，丹托认为只要思考一下，有两件事一定变得很明显：

> 第一件是一旦看到任何东西都可以成为艺术品，就没有意义问这个东西或那个东西是否是艺术品，因为答案总会是肯定的。它们也许不是艺术品，但是它们可以是。所以，第二件就是，现在的问题很紧迫，即如果它们是艺术品，情况一定是什么样的。它的意思是说艺术理论突然成为强制性的，其方式以前从未出现过。[1]

在传统艺术观念中，艺术仅仅限制在几个领域中，"今天的审美化情况却是截然相反，传统的艺术态度被引进现实，日常生活被塞满了艺术品格。"[2]这意味着艺术作品与生活器具、艺术品与现成品之间的区别消失，艺术可以出现在任何地方、任何事物上，每一件物品都声称是艺术品。艺术限制的冲破使原本不是艺术的东西被当作艺术来理解，在某种程度上是在改变或延伸艺术的概念，如布洛克指出："那些把种种'现成物'当做艺术品的人，实际上是在从事一种非常严肃的事业。他们实际上是在扩大或重新创造人们的艺术概念。而那些不认为上述物品是艺术的人，则是在保卫已有的艺术边界对于改变它的种种企图进行抗击。"[3]

消费社会本质上对新奇事物有一种天生的好感，因为消费者永远希望与众不同，所以先锋派的反抗被视为个性和有趣的行为，尽管它曾经触犯众怒，在媒体的帮助与促成下，第二次世界大战后的先锋派从一种惊世骇俗的反叛行为演变成一种流行的时尚，在公众中取得了意想不到

---

① ［美］丹托：《美的滥用：美学与艺术的概念》，王春辰译，江苏人民出版社 2007 年版，第 9 页。

② ［德］沃尔夫冈·韦尔施：《重构美学》，陆扬等译，上海译文出版社 2006 年版，第 5 页。

③ ［英］布洛克：《美学新解》，滕守尧译，辽宁人民出版社 1987 年版，第 8—9 页。

的巨大成功，成为文化神话之一。费瑟斯通指出："达达主义、超现实主义及先锋派的许多策略与艺术技巧，已为消费文化中的广告与大众媒体所吸收。"①由此可知，无论多么高雅的艺术观念，一旦为公众接受，成为流行时尚就必然会得到市场的回报。先锋或前卫派艺术保持一种与社会隔绝的孤傲姿态，但又通过"一条金钱的脐带"依附于社会，巨大的经济效益对先锋艺术家产生强大的吸引力，先锋艺术的成员并不能够抵抗其诱惑。

因此，先锋派艺术在反对艺术体制方面取得了成功，但其后被消费体制成功地收编了，成为一种可供消费的文化。比格尔认为："既然历史上的先锋派对作为体制的艺术的抗议本身已经被接受为艺术，新先锋派的抗议姿态就不再显得真实。由于这一切都显得无可挽回，也就不再能坚持称之为抗议。"②不可否认的是，先锋派以日常用品作为艺术品的做法赋予了日常事物意义，增加了物的符号性价值，这一方面给日常事物披上了艺术的面纱，另一方面将消费性赋予了日常生活。在此意义上，先锋派艺术完成了其最初目的，即消除了艺术与日常生活之间的根本区别。其后，艺术被拿来为消费服务，促使文化艺术的生产目的同商品生产没有区别，都是一种牟取利润的需要，日常生活中随处可见经过精心策划的审美现象。

二、将生活转化为艺术作品的谋划

费瑟斯通认为还可以从第二种意义上理解日常生活的审美呈现，即把生活转化为艺术作品的谋划，他以 19 至 20 世纪之交的布鲁姆斯伯里文化圈为例，说明从那时开始就萌发出把生活转化为艺术作品的倾向，他认为存在一种审美探索的连续性，即从布鲁姆斯伯里文化圈到福科，都存在一种把生活当成艺术品的倾向。在此意义上，艺术家是英雄，是极端价值观念的倡导者，他们挑战社会生活的一致性，并对快乐有独到的见解，通过各种冒险经历，品尝各种从未尝试过的快乐体验，对"新的"或"奇异"的事物持一种试验的开放态度。

---

① ［英］迈克·费瑟斯通：《消费文化与后现代主义》，刘精明译，译林出版社 2000 年版，第 96 页。
② ［德］彼得·比格尔：《先锋派理论》，高建平译，商务印书馆 2002 年版，第 124 页。

　　费瑟斯通特别提及王尔德对把生活当成艺术品方面的影响，介绍了唯美主义除了精英文化之外的另一张面孔：实际上唯美主义十分通俗，贴近生活，也非常时尚，在日常生活领域取得了令人瞩目的成就。以唯美主义的标志性人物王尔德为例，他受纨绔子的影响，把审美运用于生活，让审美追求与生活实践结合起来，希望在平凡的物质生活中开创出一个审美的世界。"实际上纨绔子身上最吸引人之处就是他们所谓的生活之艺术，即以审美理想改造生活的一整套理论与实践。他们从起居、穿着、装饰、谈吐，无一不奉行'为艺术而生活'的信条；每句话、每个想法，都要张扬其审美和形式的层面。"①纨绔子力图充分展示自身，把生活世界塑造成一个符号世界，纨绔子具有生活的天赋，他们穿着讲究、谈吐不凡，王尔德继承了这种风格，他穿着招摇，经常身穿带有花边的天鹅绒大氅、齐膝短裤、黑色丝袜以及领口下塌的宽松衬衫，还系着一个硕大的领带，他把服装看成是一种艺术，让生活中的平凡之物散发出耀眼的光芒。但在穿着保守的19世纪的英国，王尔德是惊世骇俗的，他用这种"唯美主义"的服装为自己赢得了不小的名声，他同时用自己的家具、言谈举止、同性恋生活来全方位地表达生活艺术化的观点。唯美主义开创了一种日常生活艺术化的潮流，但同时出现生活的审美化与商业化的结合。如王尔德1882年到北美各大城市进行演讲，他审美化生活的艺术观大受美国人的欢迎，这不仅为他赢得了声誉，也为他带来了巨额的财富，当时有漫画描绘他一手拿百合花和向日葵，口袋里则装满美元，这可以看成是日常生活的消费性与审美性最初完美的结合。

　　波德莱尔在《现代生活的画家》一文中说纨绔子追求一种"自我崇拜"，"把自己的身躯、行为举止、感情、激情以及生存变成艺术品"。②他身体力行，用一种高贵精神和非理性主义把自己的生活当成一件艺术品，要求生活有艺术的质量，努力向世人灌输一种生活就是一件艺术品的观念。福柯关注作为纨绔子的波德莱尔，继承了波德莱尔对生活的观念，把自己的生活当成一个复杂而艰难的制作对象。

　　福柯明确提出要把生活当成一件艺术品，"让我印象深刻的是，在我

---

　　①　周小仪：《唯美主义与消费文化》，北京大学出版社2002年版，第45页。
　　②　〔法〕波德莱尔：《1846年的沙龙：波德莱尔美学论文选》，郭宏安译，广西师范大学出版社2002年版，第422页。

们的社会，艺术变成了一种只和对象有关，而和个体或生活均无关系的东西。艺术是艺术家这些专家所专门研究和从事的行业。但是人们的生活不能全都变成艺术品吗？为什么一盏灯或一幢房子可以成为艺术品，而我们的生活就不行呢？"①因此，福柯的创造性不仅体现在学术方面，同样表现在他对自我的塑造方面，他不断地改变自己，力图打破生活中平凡、无意义的状态，对一切越轨的行为都感兴趣，努力尝试各种生活，力图突破生活的极限。为此，福柯提出了"生存美学"，他认为这种生活模式要求我们应该像艺术家对待其创作材料一样来对待我们自己，生存美学实质上是一种关怀自身的生活美学。

福柯认为任何人都不应该迷恋一种平庸或养尊处优的生活方式，而应该时刻想象着去尝试各种生命的极限，为此，福柯宁愿忍受常人不能忍受的痛苦，行走于肉身的极限之处，进行各种大胆的冒险和尝试。福柯本人是一个同性恋者，并且迷恋于施虐与受虐的性行为，"我想，那种在我看来是真实的快感，是极为痛切、极为强烈、极为势不可挡的，它能要了我的命。痛快淋漓的快感……在我看来，是同死亡相关联的。"②福柯的话可以恰当地用于描述自己的一生，他对生活充满审美的热情，一生都在追求"极限体验"，沉迷于"极乐"体验中，但是这种"极乐"是与死亡联系在一起的，他最终被上帝带走。

在很长的一段时间内，将日常生活转化为艺术作品一直是文化英雄们的尝试，他们力图把日常生活上升到形而上的水平，普通人很难想象在日常生活中与艺术发生任何直接的接触，他们处于世界不同的两端。消费社会使这一切发生了改变：消费社会不再把日常生活仅仅当作其本身来看待，使日常生活中审美的成分不断增加，今天，把日常生活转化成一件艺术品的观念已经上升为一种潜意识。如橱窗中陈列的盛水锅与平底锅，不再突出其作为生活中实用器具方面的意义，而是用贝壳、珊瑚珠、棕榈树及其他类似的东西加以修饰，被颇具风格地安排在南海岛屿上。这种陈列方式为消费者创造了一个梦幻世界，产生了一种审美的

---

① 转引自［澳］J. 丹纳赫等《理解福柯》，刘谨译，百花文艺出版社 2002 年版，第172—173 页。

② 转引自［美］詹姆斯·米勒《福柯的生死爱欲》，高毅译，上海人民出版社 2005 年版，第 2 页。

效果，在此意义上，日常生活不再需要艺术赋予其意义，它本身就是一种艺术和审美化的存在对象，日常生活的审美呈现成为一种司空见惯的现象，并且其艺术化、普及化的程度远远超过了文化英雄们当初的设想。

实际上，这是资本对审美感性全面渗透并加以重新控制的一种表现，旨在销售日益增多的商品。费瑟斯通认为："自我的技巧将允许感官知觉的发展，允许我们在审美沉浸与离身远观这两个审美极端之间来回摇摆，乐在其中，审美沉浸快感与距离美感两者都是享受与欣赏。"①他同时指出，这种既关注审美消费的生活，又关注如何把生活带入到艺术与知识反文化的审美愉悦之整体中的双重性，应该与一般意义上的大众消费、对新品位与新感觉的追求、对标新立异的生活方式的建构联系起来。

三、充斥于当代社会日常生活中的符号和影像

费瑟斯通认为日常生活的审美呈现的第三层意思，是指充斥于当代社会日常生活之经纬的迅捷的符号与影像之流，这一方面是消费社会发展的中心。费瑟斯通指出："决不能把消费社会仅仅看作是占主导地位的物欲主义的释放，因为它还使人们面对梦幻般的、向人们叙说欲望的、使现实审美幻觉化和非现实化的影像。"②消费社会通过影像来经常地再生产人们的欲望，当代社会的日常生活充满影像，消费社会中的个体被影像所包围，伯格准确地指出我们这个时代的特征：

> 在我们居住的城市里，我们每天都看到大量的广告影像。再没有任何别的影像这样俯拾皆是。历史上也没有任何一种形态的社会，曾经出现过这么集中的影像、这么密集的视觉信息。③

在现实生活中，影像不断地从我们身边掠过，对影像的诉求成为日常生活中的一部分，实在和影像之间的差别被消解了，"影像不再能让人

---

① ［英］迈克·费瑟斯通：《消费文化与后现代主义》，刘精明译，译林出版社2000年版，第118页。

② 同上书，第98页。

③ ［英］约翰·伯格：《观看之道》，戴行钺译，广西师范大学出版社2005年版，第139—140页。

想象现实，因为它就是现实。影像也不再能让人幻想实在的东西，因为它就是其虚拟的实在。……实在被赶走了。"①

　　波德里亚和杰姆逊分别对影像进行了研究，强调影像在消费社会中的核心作用。波德里亚的理论说明，在消费社会中，影像生产能力的逐步增强及其密度的加大把我们推向了一个全新的社会。在这个社会中，实在与影像之间的差别消失了，艺术进入了生产与再生产的过程，因此，美存在于一切事物，即使是平庸的现实都可以成为审美的，日常生活以审美的方式呈现了出来。费瑟斯通具体引用了波德里亚的一段话来说明这一现象：

　　　　超现实主义的东西就是今天的现实本身。超现实主义的秘密，是最平庸的现实可能会变成超现实的，但只是在某个特定的时刻才与艺术和想象相联系。今天是平凡普遍的整体性现实——政治的、社会的、历史和经济的——从现在起，已经结合进了超现实主义的仿真维度。我们生活的每个地方，都已为现实的审美光晕所笼罩。②

　　今天，生活本身展现为影像的堆积，在荧屏、报纸、巨型广告牌和霓虹灯的广告上闪烁的都是影像，并且这些影像大都光彩夺目、靓丽迷人。"人们乘飞机掠过市区时，可以看到在夜幕的背景上，一丛丛五彩缤纷的灯光广告在闪烁不停，宛如晶莹的宝石。"③我们犹如接受天气一样接受了这些影像，影像成为日常生活中不可避免和缺少的一部分，消费社会成为一个影像自给自足的社会。理论上，对影像控制的主动权掌握在我们手中，而实际上，影像模糊了自身与现实之间的区别，更为重要的是，影像演化成比现实更为真实的一种存在。"景观中真实的世界被优于这一世界的影像的精选品所取代，然而，同时这些影像又成功地使自己被认为是卓越超群的现实之缩影。"④用杰姆逊的话说就是："现实转化为

---

①　[法] 博德里亚尔：《完美的罪行》，王为民译，商务印书馆2000年版，第8—9页。

②　[英] 迈克·费瑟斯通：《消费文化与后现代主义》，刘精明译，译林出版社2000年版，第100页。

③　[美] 丹尼尔·贝尔：《资本主义文化矛盾》，赵一凡等译，三联书店2003年版，第115页。

④　[法] 居伊·德波：《景观社会》，王昭风译，南京大学出版社2006年版，第13页。

影像、时间割裂为一连串永恒的当下"。①

消费文化在人们的现实世界之外又构造了另外一个仿真世界，日常生活中的现实反而成为一个对仿真世界的模仿过程，被符号以及符号对符号的模仿所替代，人们生活在一个完全符号化的世界中：

> 我们身处的现实境况一旦给搬上银幕，即被盖上一层疑幻疑真的色泽；而当前历史景象的多元性及开放性，也因为电影与观者之间的距离增加而显得似假还真，构成一幕幕海市蜃楼的美感景象。可是这种崭新美感模式的产生，却正是历史特性在我们这个时代逐渐消褪的最大症状。我们仿佛不能再正面地体察到现在与过去之间的历史关系，不能再具体地经验历史（特性）了。让我们去把握历史经验的机会已经大不如前了。②

在消费社会中，消费的目的不仅仅是为了获得物的使用价值，物的符号性价值得到凸显，消费超越了对功能的消费而进入了对符号的消费；审美的需要替代了物质化的单纯需求，商品自由地发挥自身的代用品的功能或次级的使用价值。波德里亚认为正是通过符号编码或符号逻辑的作用，商品被赋予了意义，商品的意义既不能理解为与他们固有的性质或用途有关，也不能根据经济交换价值来理解，而应该通过它们在符号的制作和再制作过程中的位置来决定，波德里亚称此为"符号价值"。

商品依靠广告宣传，使消费者对产品产生某种联想，促使能指获得了自主性，即通过媒体与广告实现对记号的操纵，使记号自由地游离于物体本身，获得了独立的存在地位，物体本身变成空洞的符号，代表越来越多的不断变化的意义。特别明显的例子就是在香皂的广告中，早期广告还注重香皂的使用功能，但在现代广告中，香皂的使用价值很少被提及，广告赋予香皂的记号是优雅、性感和美好的生活方式。同样的，优雅、性感和美好的生活方式这些记号可以任意地与化妆品、沐浴露、洗发水甚至汽车等各种商品联系在一起。用费瑟斯通的话说就是："独具

---

① ［美］詹明信：《晚期资本主义的文化逻辑：詹明信批评理论文选》，张旭东编，陈清侨等译，三联书店1997年版，第419页。
② 同上书，第462页。

匠心的广告就能够利用这一点，把罗曼蒂克、珍奇异宝、欲望、美、成功、共同体、科学进步与舒适生活等等各种意象附着于肥皂、洗衣机、摩托车及酒精饮品等平庸的消费品之上。"①

消费社会本质上是一个通过符号对商品进行意义编码的社会，能指具有明显的优势，因此我们不是把物当做物来消费，而是把物当做符号来消费，消费物的目的实际上是为了消费物所代表的符号意象。因此，物在被使用的过程中用于满足人的物质性需求与用于满足人的意义性需求的界限很难划定，在很大程度上，物的符号价值远远超过了物的使用价值和交换价值，在此意义上，符号闯进了消费社会并畅通无阻，消费者沉浸在对能指符号的欣赏和把玩中，真正的物已经不存在了，存在的只是符号，可以任意指意的符号。消费本身是为了得到显示自己身份、地位的符号，我们可以举一个最简单的例子来说明符号的作用。汽车是一种交通工具，在此意义上，奥迪与奥拓并不存在实质性的区别，不可否认，奥迪的性能肯定要优于奥拓，但这不足以解释为何奥迪的价格是奥拓的几十倍。实际上，根本原因在于奥迪与奥拓各自承载着不同的意象，奥迪已经成为一种身份与地位的象征性符号，以此把开奥迪的人成功地与开奥拓的人区别开来。因此，人们在购买奥迪车的同时也购买了奥迪这一符号本身，我们开的不仅是奥迪车，同时还有奥迪车所负载的符号价值：一种地位的标志性符号。大众默许开奥迪车的人是有地位和身份的人，通过对商品的编码，奥迪与身份之间建立了密切的联系，这使得人们必须为奥迪的符号价值额外买单。因此，一旦社会上大部分人认可商品的符号价值时，商品就能够成功地操纵人们的消费，人们不知不觉地在"等价交换"中为符号所役使。怪不得有人要说，我们"生活在由自己所创造的符号世界之中，却反过来又深受符号的宰制，心甘情愿地做自己创造的符号的奴隶，并在受符号控制的情况下，自我陶醉和自我目炫心撩。"②

---

① ［英］迈克·费瑟斯通：《消费文化与后现代主义》，刘精明译，译林出版社 2000 年版，第 21 页。

② 冯俊等：《后现代主义哲学讲演录》，商务印书馆 2003 年版，第 554 页。

第三节　日常生活审美化的历史形成过程

费瑟斯通从以上三个方面理解日常生活的审美呈现，指出日常生活的审美在总体上推翻了艺术、审美感觉与日常生活之间的藩篱，同时指出我们不应该将日常生活审美化当作是一个给定的东西，或者是人类知觉品性中的某种必然东西，而应看成是一个文化发展的结果。他列举了罗宾斯研究的两个例子说明审美对象是一个形成过程，首先是 19 世纪英国登山者及山区居民漠不关心的群山，现在变成了提供审美愉悦的美的标志；另外一个例子是 18 世纪早期出现的大旅游吸引了渴望去阅历欧洲遗迹与艺术珍宝的贵族与上层阶级，可是在这以前，人们一般都认为，他们曾经可能需要的各种感知和快感，在自己的居所中都能够提供，因而并不情愿离开。①所以，特殊认知风格和知识模式是一个社会形成过程，有其社会生成的历史根源，同样的，费瑟斯通指出消费社会中泛滥的日常生活审美化现象在现代社会中就存在各种迹象，他从两方面追溯其形成过程。

一、理论来源

费瑟斯通认为日常生活的审美呈现在大众文化中存在一个发展的历史，早已有理论家对日常生活中的美学现象进行了研究，"我们必须简单地来考察波德莱尔、本雅明及西美尔所讨论的十九世纪后期的大城市中的现代性经济。"② 从 19 世纪开始，从乡村社会中逐渐发展出现代都市，现代都市不仅使人们更加频繁地流动，同时充满活力地展现了现代性的面貌：五花八门的商品、川流不息的人群和纵横交错的街道，大众生活中充满了对感官的激情放纵。在当时，那些大城市是艺术与知识的反文化者、放浪形骸者及艺术先锋派的活动场所，他们在这里试图捕捉广阔范围内的新感觉并迷魂陶醉于此。波德莱尔、西美尔和本雅明等富有洞见性的理论家，纷纷把关注的目光聚集于 19 世纪的都市，关注其中纷乱、

---

① 参见［英］迈克·费瑟斯通《消费文化与后现代主义》，刘精明译，译林出版社 2000年版，第 103 页。

② 同上书，第 105 页。

喧嚣和流动的都市印象，捕捉日常生活中的美。

波德莱尔是现代派诗歌的鼻祖，他迷恋于 19 世纪中期巴黎生活中短暂飞逝的美，追寻飞瞬即逝的感觉与印象，并且努力把自己的生活转化为一幅幅艺术作品。波德莱尔认为艺术家应该去捕捉现代感觉，他在《现代生活的画家》一文中对画家居伊推崇备至，他认为一般的画家总是将关注目光转向过去，而居伊满怀激情地观察现代生活："在任何闪动着光亮、回响着诗意、跃动着生命、震颤着音乐的地方滞留到最后"。①波德莱尔认为居伊寻找的就是"现代性"，因此，他认为现代生活的画家不只是一个游手好闲者，他"有一个比纯粹的游手好闲者更崇高的目的"，即对现代性的系统追寻，他的任务是"发现和说明现代性的美"，艺术家必须抓住这一短暂易变的因素，尽管其蜕变是那样的迅速：

> 他欣赏都市生活的永恒的美和惊人的和谐，这种和谐被神奇地保持在人类自由的喧嚣之中。他静观大城市的风光，由雾霭抚摸着的或被太阳打着耳光的石块构成的风光。他有漂亮的装束，高傲的骏马，一尘不染的青年马夫，灵活的仆役，曲线尽露的女人，美丽的活得幸福穿得好的孩子，一句话，他享受着全面的生活。如果一种样式、一种服装的剪裁稍微有了改变，如果丝带结和纽扣被饰结取而代之，如果女帽的后饰绸带变宽、发髻朝后脖颈略有下降，如果腰带上提、裙子变肥，请相信，他的鹰眼老远就已经看出来了。②

波德莱尔认为大都市像一个巨大的万花筒，呈现丰富多彩、瞬息万变的外表，艺术家不应该无视现在，更不应该无视现代生活中的全部风俗，应该对日常生活中的美有敏锐的洞察力。"现代性，我指的是过渡的、短暂易逝的、偶然的，是艺术的一半，它的另一半是永恒和不变。"③因此波德莱尔眼中的美既可能蕴涵在永恒性中，也可能蕴涵在短暂性中，"美永远是、必然是一种双重的构成……构成美的一种成分是永恒的、不

---

① ［法］波德莱尔：《1846 年的沙龙：波德莱尔美学论文选》，郭宏安译，广西师范大学出版社 2002 年版，第 423 页。

② 同上书，第 422 页。

③ 同上书，第 424 页。

变的，其多少极难加以确定；另一种成分是相对的、暂时的，可以说它
是时代、风尚、道德、情欲，或是其中一种，或是兼容并蓄。"①现代生活
的艺术家积极地去发现美，将这种转瞬即逝的美从其最琐碎的外在形式
中释放出来。

西美尔关注的是现代人的处境，关注现代生活对现代人心理的影响，
他有无与伦比的捕捉现代性基本体验的能力，弗瑞斯比曾称西美尔为探
索现代性的第一位社会学家。与波德莱尔重视偶然性相比，西美尔同样
关注现代社会生活中的意外性和随意性，他考察那些"微妙、无形的丝
线"，这些稍纵即逝的互动瞬间本身就是现代性的一个特征。也许在西美
尔看来，追寻我们当前生活的过渡的、飞逝的美才是最重要的，因此他
的理论总是一种"快照"式的理论，他同时指出现代城市中"过度兴奋
和疲惫的神经"产生了一种对更多娱乐的渴望。

西美尔发现人们在观看世界博览会时，每个人的好奇心被最大程度
地激发起来，无数新奇的物品与人们擦肩而过，给人造成惊喜的印象，
使被刺激过度的疲惫神经再度兴奋起来。"德国展览会进行了发展审美机
遇的尝试，即通过展示陈列能够有效地增强其吸引力，这种尝试往往是
成功的。"②更为可贵的是，西美尔看到现代人在现代生活的每一瞬间都可
以发现美，面对扑面而来的新奇事物，都市人逐渐形成了一种冷漠、厌
世和对事物的惊人的不敏感。"都市人——当然他以成千上万的变体出
现——发展出一种器官来保护自己不受危险的潮流与那些会令它失去根
源的外部环境的威胁。他用头脑代替心灵来做出反应。"③虽然现代生活中
充满了不可预见的美，都市人随时可以感受到激情和兴奋，但也使都市
人的器官变得麻木不仁、毫无个性，因此西美尔感受到了都市生活的另
一面：世故、务实、冷漠和精于算计。

在西美尔看来，货币文化同都市生活趋于一体化，即都市中越来越
多地充斥着美和新奇的同时也越来越精于算计，排斥波德莱尔式的儿童

① ［法］波德莱尔：《1846 年的沙龙：波德莱尔美学论文选》，郭宏安译，广西师范大学出
版社 2002 年版，第 416 页。
② ［德］齐奥尔格·西美尔：《时尚的哲学》，费勇等译，文化艺术出版社 2001 年版，第
142 页。
③ 同上书，第 187 页。

般的激情与好奇心。所有事物的评价标准都变成了值多少的问题，获得了相同的计算方式，"人与人之间所有的亲密的关系都是建立在个性之中，然而在理性的关系中的人被视作如同一个数字、一种与他自身无关的因素一样来考虑。只有客观上可以定量的成就才有利益价值。这样，都市人会和商人、顾客、家庭的仆人，甚至会和经常交往的朋友斤斤计较。"①

本雅明对波德莱尔进行了专门的研究，并且继承了波德莱尔的风格，注重对闲逛者和人群感觉的研究。本雅明把19世纪的巴黎称为世界之都，艺术家与知识分子作为闲逛者穿行于新城市空间中，他们体验着震惊、惊惧等情感，他在《单向街》中重点研究了巴黎的过街商业场点，为现代性的现代神话找寻到一个地方——19世纪的巴黎拱廊街。拱廊街是19世纪20年代以后，在巴黎出现的一种商业建筑，它两边是商品，其上用玻璃拱顶连接成一体，用大理石铺地，同时拱廊是最早使用汽灯的地方。"拱廊是奢侈品的商贸中心。通过对它们进行装潢，艺术也被用来为商人服务。"②新百货商店和过街商业场点是供奉、朝拜商品的庙宇，这是消费文化的"梦幻世界"，是一个令人着魔的地方。

本雅明的《拱廊街计划》是一个内容庞大的研究计划，因为他的自杀身亡成为一项未完成的研究事业，后人根据其笔记与资料，整理出一份研究的大概内容，从拱廊街到地下墓穴，再到卖淫、赌博和玩偶、机器人，现代生活中的各种碎片都是本雅明的关注对象。本雅明力图通过利用这种历史的"琐碎与垃圾"来还原社会事实的真相，而不是再现历史的线性发展，在本雅明的笔下，各种历史的碎片被重新装配。因此，在费瑟斯通看来，本雅明拒绝一种习惯的线性表达，相反的他采用一种蒙太奇式的并列方式。

从波德莱尔到本雅明再到西美尔，他们都假定城市拥挤的人流是一个由匿名的个体组成的大众，人们可以轻易地加入其中，随波逐流。他们认为城市中的闲逛者被身边迅速流逝的各类新景观和新印象所刺激，

---

① ［德］齐奥尔格·西美尔：《时尚的哲学》，费勇等译，文化艺术出版社2001年版，第188页。
② ［德］本雅明：《巴黎，19世纪的首都》，刘北成译，上海人民出版社2006年版，第1页。

透过建筑、广告牌、商店陈列、广告、包装、街头标志等来发掘美，透过在这些空间中穿行、具有特殊历史文化底蕴的个人来研究城市景观的审美化过程及其令人神魂俱销的原因。

二、研究主题

（一）推动者

费瑟斯通的独到之处还在于他提出了日常生活审美化过程中的主体问题，他借鉴布迪厄等人关于文化中产阶级的理论，结合当代文化中出现的雅皮士（Yappie），指出与媒介工业同时兴起的还有"新型文化媒介人"这个重要的群体。在费瑟斯通看来，"新的文化媒介人"在日常生活审美化的过程中起着推波助澜的作用，而所谓"新的文化媒介人"主要指：

> 那些在媒体、设计、时尚、广告及"准知识分子"的信息职业中的文化媒介人群，他们因工作需要，必须从事符号商品的服务、生产、市场开发和传播。符号商品的供给不断增长的一个必要条件，是文化专家与文化媒介人的数量增加。这些人掳掠各种传统与文化，目的是为了生产新的符号商品、并对使用这些商品的人提供必要的解释。①

新型文化媒介人为身份、表征、外观、生活风格和对新经验的追求所着迷，他们普及新型的知识，即自我完善、自我发展、人格转型、构建完美生活方式等方面的知识，在广大群众面前扮演了一种推广者的角色，更重要的是他们将一种学习模式引入了生活。费瑟斯通指出，他们给知识带来了一种特别的威胁，因为他们所做的正是消解高雅文化与大众文化之间的明确分野：

> 从学院派的观点看来，这也许是最为悲哀的发展。这些人向来

---

① ［英］迈克·费瑟斯通：《消费文化与后现代主义》，刘精明译，译林出版社 2000 年版，第 27 页。

在维护一个高等或精英文化领域，以对抗庸俗、质次和媚俗、电视连续剧和《读者文摘》文化的周遭环境，以及在向行内人传输读、听和看的复杂技巧方面，具有既得利益。①

费瑟斯通指出，实际上，"新型文化媒介人"有一种矛盾心理：一方面"新型文化媒介人"因为工作的需要，必须从事符号商品的服务、生产、市场开发和传播，这些人掳掠各种传统与文化，目的是为了生产新的符号商品，这促使符号商品的供给不断增长，并对使用这些商品的人提供必要的解释，使更多的读者更容易去接受它；另一方面，他们认同了艺术家、知识分子的习惯、禀性和生活方式的偏好，期望艺术和学术商品一直成为有边界的商品。②学界知识分子想证明自身在文化资本积累方面的优越性，然而消费文化为文化媒介人提供了学习的大量机会，在费瑟斯通看来，"新型文化媒介人"本身就是"自学者"，他们通过"自学"获得了既得体又合法的身份，创造了一种生活的艺术，与知识分子具有相同的地位。但另一方面，"新型文化媒介人"随时保持一种向上攀爬的热情和警醒，"那些新来者、自学者，将不可避免地流露出为获得新的地位而受到的压力以及他或她在文化能力上的不足。"③

在费瑟斯通看来，"关于这个群体，其成员天生的职业就是观察和记录自身的体验。他们的重要之处便是，他们穿梭于空间时所捕获到的体验，被人们当作是这些地方中确定性的体验来对待。"④在许多方面，"新型文化媒介人"的审美趣味、秉性及其分门别类的方式，是与艺术家和知识分子相似的，他们通常与这个领域中的一些最新发展保持着密切联系。因此，尽管这种"新型文化媒介人"在人口总数中只占很小的一部分，但因为他们占据了文化生产和流通的有利地位，活动场所就是公共领域，他们利用自己手里所掌握的媒体力量，既创造又操纵或玩弄文化

---

① ［美］詹明信：《晚期资本主义的文化逻辑：詹明信批评理论文选》，张旭东编，陈清侨等译，三联书店1997年版，第398页。

② 参见 Mike Featherstone, "Cultural Production, Consumption, and the Development of the Cultural Sphere" in 3rd German – American Sociological Theory Group Conference, Bremen.

③ ［英］迈克·费瑟斯通：《消费文化与后现代主义》，刘精明译，译林出版社2000年版，第29页。

④ 同上书，第99—100页。

象征和媒介形象，使他们无形中拥有了一种新的文化权利，以其审美趣味影响其他社会阶层。因此，他们在日常生活审美化的过程中所起到的作用不可忽视，在当下甚至成为公众日常生活中争相模仿的"消费偶像"，成为韦尔施所言的"新的模特儿角色"，正如韦尔施所说：

> 在此类过程中，"美学人"正在变成新的模特儿角色。他十分敏感，喜好享乐，受过良好教育，最重要的，是有着精细入微的鉴别力。他知道趣味问题是没有可争辩的。如此，在包围着我们的动荡混乱中间，就提供了一种新的安全感。他抛弃了寻根问底的幻想，潇潇洒洒站在一边，享受着生活的一切机遇。①

事实上，作为文化媒介人，他们在教育民众接受新的生活方式及品味方面，起着重要的作用。"新型文化媒介人"是生活审美化的身体力行者，他们追求的这种审美化生活深刻地影响着向往他们的民众，对社会公众具有吸引力和号召力。这一方面是因为，在许多公开的或私下的场合，他们将审美天性与审美感知、"英雄艺术家"的观念以及"有风格的生活"的重要性，向广大的民众传播；另一方面，他们使每个普通人看到了进行自我提高的希望和方法。费瑟斯通同时指出，新的文化中介人与一个更为复杂的文化现象密切相关，即战后高等教育的发展，高等教育的普及使这些中产阶级出身的人有机会进入高等学府进行深造，使他们受到良好的教育，有较好的社会职业和较高的收入，从而对生活有明确的追求和品味。可以说，这就是所谓"新中产阶级"或"新文化媒介人"能够兴盛的文化背景，新中产阶级认同了艺术家、知识分子的习惯、禀性和生活方式的偏好，不同于老式的中产阶级知识分子之处在于，他们不再追求一种高雅的文化，而往往以一种有利于自己的方式来模糊大众文化和精英文化的区别，同时习得一种游离于高雅与大众文化之间的能力，他们期盼高雅与流行文化之间界限的消失，同时对这种界限的消失有一种促进作用。

---

① ［德］沃尔夫冈·韦尔施：《重构美学》，陆扬等译，上海译文出版社2006年版，第10页。

在艺术与知识商品逐步失去其垄断地位的条件下，他们在维持艺术与知识商品的声望和文化资本的过程中，又具有明显矛盾的心态：他们也正使这片文化与艺术的领地大众化，使更多的读者更容易去接近它。①

（二）场所

传统观念认为审美的场所是固定和有限的，如剧院、博物馆等，在这些场所之外不可能出现审美现象，即使出现也不被认可为审美现象。消费文化把审美现象广泛地移植到日常生活中，生活的任何一个细节都可以是美的艺术品，现代人无时无刻不在遭遇美，这可以说是人类的一大创举。这促使艺术和审美的空间得到了史无前例地拓展，它们不再局限于博物馆、画廊和展厅等狭小的空间，而是扩散到大街、广场、超市和家居等公共空间中。

费瑟斯通认为，以审美的形式呈现日常生活的一些特征可以在狂欢节与交易会、剧院及其他公共场合中找出某些早期萌芽因素，自那时开始，审美场所就有扩张的趋势。这些场合，提供了情感激动、新的感觉范围、一般性的情感控制的解除，以及文明进行中对一般情感控制的相对而短暂的放松：

> 首先，交易会是一个开放的市场空间，在这样一个地方性市场中，展示着来自国际国内其他市场中的商品，发生着一起又一起的商品交易。其次，交易会又是寻求快意和满足的场所，它们是地方性的、充满节日气氛的、人群聚集的、与真实世界没有联系的场所。所以交易会就不仅仅是当地传统的护卫者，它们也是不同文化的交汇并引起民间传统转化的场所，它们还是巴赫金所说的混杂化场所：生人与熟人、乡下人与城里人、专业演员与资产阶级观众都聚会到一起来了。②

本雅明、西美尔及其他人描述过百货商品、过街商业场点、世界性博览会等，来自世界各地异彩纷呈、光怪陆离的商品集聚一堂。在1900

---

① ［英］迈克·费瑟斯通：《消费文化与后现代主义》，刘精明译，译林出版社2000年版，第27—28页。

② 同上书，第115—116页。

年巴黎国际展览会上，出现了许许多多仿真场面，它们包括标本、珍宝及商品货物的印度舶来景观；模仿西班牙安达卢亚摩尔人居室与庭院的展览；横贯西伯利亚的全盘景象：将观众置身于一个真实的沿铁轨绕行的车旁，一幅巨大的白色帆布铺展在窗外，给人留下皑皑雪野的西伯利亚印象。西美尔对柏林贸易展给人带来的视觉与心理上的冲击有着非常精彩的描绘："每一种精致与脆弱的情感都被所提供的商品这巨大效应所侵犯，而且看上去还造成了错位，而另一方面不能否认的是，迅疾而过的印象的丰富性与多样性，非常适合使早已被刺激过度了的疲惫神经再度兴奋起来。……异质印象的压力逐渐增长，刺激的变化越来越快速多样，在此之中的消费与享乐看上去似乎能够弥补现代人在劳动分工中片面与单调的角色。"①

费瑟斯通进一步将城市景观的审美化过程的源头追溯到 19 世纪，在城市中，内城区域权贵聚居区的出现，以及林荫道上、购物中心、主题乐园与宾馆中所布置的场面恢弘的影像与仿真环境，更新了城市的内涵。与其具有相同特点的是 20 世纪后期出现的林荫道、购物中心、百货店、主题公园、迪斯尼乐园等构成的仿真环境。毫不奇怪，今天的审美和艺术活动更多的发生在美容院、健身房、街心花园、购物中心、旅游中心等场所。

从表面上看，日常生活中的审美活动比以往更加广泛，实际上却是审美活动被利用和夸大，掩盖了商品消费全面侵占日常生活的事实。对于日常生活的审美化的过程是进步还是倒退，费瑟斯通没有具体讨论，他认为不如关注一下在这个过程中所形成的许多其他方面的东西，如艺术与知识的现代亚文化的反道德性和叛逆性，以及消费文化对日常生活的浸淫。

另外需要指出的是，审美场所的扩张使原来审美场所的意义发生了改变。如在过去，博物馆是为有修养的鉴赏家及严肃的观众而设计的严格的空间组织，是聆诲道义原则、反复灌输符号等级知识的地方。今天的博物馆，积极地为更多的普通观众群体提供展品，它们摒弃了专门展

<hr />

① ［德］齐奥尔格·西美尔：《时尚的哲学》，费勇等译，文化艺术出版社 2001 年版，第 139 页。

示高雅文化的招牌，力图使博物馆成为感官知觉的场所。这进一步促使当今的日常生活空间越来越带有艺术的形式，染有审美的气息。

（三）审美体验

简言之，审美体验是主体与作为审美对象的审美客体构成的一种已然的融入和超越的内在状态，长久以来我们都认为审美体验最主要发生在两个领域：艺术审美体验和自然审美体验。消费文化促使审美体验日常生活化，世界成为一个经验的领域。

费瑟斯通认为相似的审美体验在狂欢节与交易会中也产生过。狂欢节是下层社会的象征性颠覆与扭曲变形的身体表现，巴赫金在《拉伯雷与他的世界》中认为民间幽默体现在大众仪式与节日，特别是"狂欢节"上，总体说来，"狂欢节"构成了"向下转的世界"，在其中，世界的、官方的和等级制度的表征被颠倒过来了，这是一个放纵的世界，大众在鲜活的快乐中尽情放纵，这可能在很大程度上与后现代主义中的审美体验有许多相似之处：强调分裂的、稍纵即逝的感觉、情感控制的消解以及分化的消解。

波德莱尔认为艺术家应该善于从事物的表面读取意义的神秘联系，在闲逛中发现美。在波德莱尔看来，艺术要有捕捉新奇的能力，拥有童年的天真凝视和成年人对形式的着迷，"康复期仿佛是回到了童年，正在康复的病人像儿童一样享有那种对一切事物——即便是看起来最平淡无奇的事物——都好奇不已的最高能力……儿童看什么都是新鲜的，他总是处于兴奋的状态。"[1]费瑟斯通认为这段话很有意思，因为它与杰姆逊所谈论的精神分裂式的紧张很相像，精神分裂式的紧张是后现代文化的一个关键特征，它指的是充满激情而又生机盎然的体验，这导致了能指符号之间联系的断裂，时间碎化成了精神分裂或病态知觉中的一系列永恒的当下片断。"当时间的连续性打断了，对当下的感受便变得很强、很明晰和'实在'：世界以惊人的强烈程度，带着一种神秘和压抑的情感引生，点燃着幻觉的魔力，出现在精神分裂者之前。"[2]

---

① 转引自〔英〕戴维·弗里斯比《现代性的碎片》，卢晖临译，商务印书馆 2003 年版，第 24 页。

② 〔美〕詹明信：《晚期资本主义的文化逻辑：詹明信批评理论文选》，张旭东编，陈清侨等译，三联书店 1997 年版，第 411 页。

在费瑟斯通看来，消费社会促使文化产业在各种形式下蓬勃发展，使我们审美体验的发生频率大大增加，如狂欢森林、交易会、戏剧院、马戏、贫民窟、荒蛮地、海滨胜景等成为遭遇审美的场所。在这些环境中，观众获得了最完美的身临其境之感，真实世界与虚假世界之间的界限早已模糊不清，审美主体全身心地投入其中，沉浸在环境带来的愉悦和满足感中，产生出种种当下的真切感觉。更为重要的一点是，审美体验在一段时间里展开并且随之而宣告结束，这很好地诠释了当代审美体验的现状，审美体验很大程度上受限于时间和语境：

> 交易会可能激发起来的激情与恐惧，在今天的电影中还能捕捉得到。……今天的游乐场笑料与主题乐园如迪斯尼乐园至今还保留着这些方面，尽管是以更为有控制的、更为安全的方式，但他们还是为控制着的有控制的情感宣泄提供了一个世外桃源般的环境，成年人在这里也可像儿童那样为所欲为。①

消费文化驱使着人们从一个体验快速到进入到下一个体验，每一种体验的目的都是为了打动消费者，从而刺激消费欲和购买欲。艺术也成为制造审美体验的热门行业，"艺术行业也一头钻进了经验的机制，按照这类伪经验的滔滔雄辩继续着它的生产。"②因此，审美体验不再被视为是一种与上帝进行心灵对话的形式，而成为一种人造物，正如费瑟斯通指出的：

> 人们探索和培植的，是具体形象的失序状态。这并不是说放弃了教育的使命，远非如此。相反，教育计划就是去发展有控制的情感宣泄所必须的技巧。自我的技巧将允许感官知觉的发展，允许我们在审美沉浸与离身远观这两个审美极端之间来回摇摆，乐在其中，审美沉浸快感与距离美感两者都是享受与欣赏。③

---

① ［英］迈克·费瑟斯通：《消费文化与后现代主义》，刘精明译，译林出版社2000年版，第116页。

② ［德］沃尔夫冈·韦尔施：《重构美学》，陆扬等译，上海译文出版社2006年版，第5页。

③ ［英］迈克·费瑟斯通：《消费文化与后现代主义》，刘精明译，译林出版社2000年版，第118页。

第三章

反思日常生活审美化

第一节　日常生活的异化

一、日常生活异化理论

费瑟斯通指出了消费社会中日常生活审美化的现象，并且具体分析了三种意义上的日常生活审美化，但他同时明确指出："这个过程是进步还是倒退，我没有什么可说。"①因此，费瑟斯通没有对日常生活审美化进行反思，所以，我们有必要在费瑟斯通的研究基础上再前进一步，深入思考日常生活审美化是否使日常生活摆脱了异化状态，使人类生活更加自由。

日常生活的异化一直是理论家关注的中心问题。马克思不仅注意到日常生活对人类社会的重要性，同时也注意到日常生活中存在的异化现象。"异化"是马克思在《1844 年经济学哲学手稿》中提出的基本范畴，指的是人类创造的一种状态，而这个状态后来反过来控制人类，使其不得不跟从它。马克思认为资本主义社会中人们的日常生活已被普遍异化，异化最突出地表现在工人的日常生活中。首先，人与劳动之间的关系被异化，马克思对日常生活异化的批判主要集中在异化劳动层面上，他提出了著名的异化劳动学说。在马克思看来，劳动不仅是日常生活的基本内容，是维持个体衣食住行必需的活动，同时劳动对人来说是一个基本的需要，是表现人类不同于其他动物的类本质特性的主要手段，因此，人类应该在劳动中感受到自由和幸福，同时，劳动者理应拥有全部的劳

---

① ［英］迈克·费瑟斯通：《消费文化与后现代主义》，刘精明译，译林出版社 2000 年版，第 113 页。

动成果。但事实是，在资本主义社会中，贫困的工人阶级因为缺乏足够的生产资本，必须用体力劳动来换取维持生存的生活资料，工人无法在劳动中实现自身价值，甚至于他们在劳动中创造的价值与他们的幸福生活成反比。"劳动为富人生产了奇迹般的东西，但是为工人生产了赤贫；劳动创造了宫殿，但是给工人创造了贫民窟；劳动创造了美，但是使工人变成畸形；劳动用机器代替了手工劳动，但是使一部分工人回到野蛮的劳动，并使另一部分工人变成机器；劳动生产了智慧，但是给工人生产了愚钝和痴呆。"①异化劳动的存在使工人根本不能在劳动过程实现自己主体性的地位，因此，资本主义社会中的工人毫无例外地逃避劳动。

马克思指出日常生活异化的另一方面：日常生活被异化为工人整个生存的目的。日常生活本应是人类生存的基础，工人从日常生活中获得一切衣食住行的资源，维持个体生产和再生产的正常运转。但在资本主义社会中，工人的日常生活基本条件得不到保障，工人不得不为温饱而斗争，在资本家眼中工人的需要仅仅意味着维持工人在劳动期间的生活需要，而且只限于保持工人后代不致死绝的程度。在此基础上，工人不得不把全部精力放在生活资料的获取方面，把生存的需要当成最终需要，其带来的后果就是人被局限于本能活动的层面上，并维持与动物相同的生活水准。马克思对此的观点是："吃、喝、性行为等等，固然也是真正的人的机能。但是，如果使这些机能脱离了人的其他活动，并使它们成为最后的和唯一的终极目的，那么，在这样的抽象中，它们就是动物的机能。"②人之所以为人，是因为人具有崇高的精神追求，日常生活中的需要及其满足是人生存及发展的前提和保障，这远远不能构成人生活的全部内容。然而，在资本主义社会，日常生活却异化为工人整个生存的目的，工人的所有活动只是为了日常生活中各种需要的满足，日常生活之外更广阔的精神生活被彻底遗忘，因此工人不可能发展自我，更不可能实现自我。

卢卡奇被誉为西方马克思主义的创始人，他对马克思哲学既有继承也有创新，与马克思相同的是，卢卡奇同样对日常生活的异化进行了研

---

① 《马克思恩格斯全集》，第42卷，人民出版社1979年版，第93页。

② 同上书，第94页。

究，根据卢卡奇的理论，任何意识形态的异化都是以日常生活为中介的，并且都要落实到日常生活层面，因此他指出异化在日常生活中的表现形式。首先表现在劳动的异化方面，随着科学技术的进步和时代的发展，马克思所指的那种非人的、残酷的异化劳动表面上已不存在了，资本家确实为工人提供了丰裕的物质条件和充裕的闲暇娱乐时间，维持一种幸福美满的日常生活表象。卢卡奇揭露出在新的历史条件下，日常生活中隐藏的新的异化形式，他指出资本主义的发展越来越重视生产效率，在此过程中合理化的重要性不断增加，工人的劳动过程越来越被分解为一些抽象合理的局部操作，不仅工人之间的合作被取消，还切断了工人与整体产品的联系。劳动合理化对人的心理产生了潜移默化的影响，"随着对劳动过程的现代'心理'分析（泰罗制），这种合理的机械化一直推行到工人的'灵魂'里：甚至他的心理特性也同他的整个人格相分离，同这种人格相对立地被客观化，以便能够被结合到合理的专门系统里去，并在这里归入计算的概念。"①劳动一步步理性化的过程，也是人一步步被理性吞噬的过程，人们越来越能够精确地用数字来预测生产过程和结果，甚至整个生产过程都能被数字化。在资本主义社会中，工人失去了自己的主动性，自身转化成为机器的一部分，成为机器的一分子。

除此之外，卢卡奇认为日常生活的异化还表现在，工人把物质条件的满足当作终极目的，失去崇高的精神追求。在现代资本主义社会，广告的宣传使人们把物质丰盛当成一种理想的生存方式，幸福的意义被理解成消费欲望的满足，这种观念促使工人热衷于消费与购物。在物的世界的召唤下，工人把日常生活中的享乐和舒适当作理想追求，购物需求的满足就代表过上了一种理想的生活，因此他们首先拼命为资本家干活，然后心满意足地去购买那些其实并不需要的商品，幻想自己已经获得了幸福。在此意义上，工人成为生产消费的机器，他们的日常生活完全被资本市场所控制，成为异化的牺牲品。

最后，卢卡奇富有创见性地指出闲暇时间的异化。用卢卡奇的话说就是："无疑正是被资本主义彻底控制的日常生活的产物，正是这种生活的表面上的无忧无虑的产物，正是这种生活方式必然造成的令人感到日

① ［匈］卢卡奇：《历史与阶级意识》，杜章智等译，商务印书馆1996年版，第149页。

益压抑的无聊的产物。"①因此，个人在这样的日常生活最终体会到的只能是鄙俗、单调和无聊。

法兰克福学派通过对人们日常生活中各种熟视无睹的现象进行剖析，揭露出日益发达的工业社会虽然促使了物质财富的极大增长，使人们摆脱了原本贫困的局面，但是日常生活的异化非但没有消失，反而呈现出深化和加剧的真相。传统的政治和经济压迫深入到日常生活和日常思维的层面，不知不觉地实施对人的操纵和控制，这种新的异化形式由于具有技术主义和消费主义的合理外观，因此显得更加隐秘和不易发现。

霍克海默与阿多诺用"文化工业"一词来说明资产阶级"大众文化"的性质和功能，文化工业是按照一定的标准、程序，大规模生产各种复制品以供消费者消费，并从中获得高额利润的产业，艺术服从于商业目的和经济规则，利润成为最直接的诉求。因此文化工业制造出来的娱乐内容只存在表面上的变化，其实都具有僵化不变的模式："只要电影一开头，结局会怎样，谁会得到赞赏，谁会受到惩罚，谁会被人们忘却，这一切就都已经清清楚楚了。在轻音乐中，一旦受过训练的耳朵听到流行歌曲的第一句，他就会猜到接下去将是什么东西，而当歌曲确实这样继续下来的时候，他就会感到很得意。对短篇小说来说，必须严格坚持适当的篇幅。甚至插科打诨、切身感受和开玩笑也得像它们所处的背景一样，都是被计算好了的。"②在他们看来，大众文化表面上是日常生活中的消费品，实际上这种物化、虚假的文化带来的更为可悲的结果是，"一个人只要有了闲暇时间，就不得不接受文化制造商提供给他的产品"，③同时，文化工业制造出来的娱乐具有预先安排好的和谐，整个世界都要经过文化工业的过滤，不给观众留下任何想象和思考的空间，强迫观众把它当成现实。在现代发达工业社会中，文化工业的兴起使艺术和文化不可避免地走向了异化。

在很长的一段历史时期内，文化是一种提升人的精神境界实现自己

---

① ［匈］卢卡奇：《关于社会存在的本体论》（下卷），白锡堃等译，重庆出版社1993年版，第874页。

② ［德］马克斯·霍克海默、［德］西奥多·阿道尔诺：《启蒙辩证法——哲学片断》，渠敬东等译，上海人民出版社2006年版，第112页。

③ 同上书，第111页。

自由自觉本性的东西，而文化工业以独特的大众传播媒介，如电影、电视、广播、报刊、杂志等，使虚假的文化束缚人们的意识，并成为日常生活的消费品。大众文化以商品化、欢乐化等特点对人们的日常生活进行别开生面的改造，大众文化充斥于日常生活，垄断了人们的精神生活，使人们习惯于无思想的平面生活模式，这样的日常生活就成了人们逃避现实的最佳居所，更具掩饰性的是，文化工业巧妙地通过娱乐来欺骗大众，以此实现对大众的奴役和统治。在此意义上，文化不再是自由创造的本性和审美的精神需求，而成为市场经济全面渗透的结果，大众文化实现了对人性、对自由的剥夺，通过对日常生活的操纵来控制人的发展。

　　法兰克福学派进一步指出了技术理性对日常生活的异化，诚然，科学技术曾经对人类的发展起过不可低估的促进作用，没有技术理性就没有现代工业文明，也就没有现代社会。但深入一步思考就可以发现，技术理性的发展使人失去了主体性的存在地位，理性化的工作方式在对待个人时，只考虑功能而不考虑性质，把人作为数字和物来管理，使人处于一种非主体化的运作中。如科技的发展促成了现代流水生产线的出现，也促使工人异化的加剧，卓别林的《摩登时代》典型化地再现了工人异化的场面，扭螺丝钉的工人异化成生产线上的一道工序，在日常生活中不断重复扭螺丝钉这个唯一的动作。技术理性要求整个人，包括人的肉体和灵魂，都变成一部机器甚至只是机器的一部分，履行技术化的操作功能，人的智慧和感觉都变成了被管理的对象。

　　在发达资本主义时代，技术理性渗透到生活的各个方面，具有合理性的外观，容易被人认同和认可，以其独特方式实现了对日常生活的全面统治。人要成为自主的人，自主地决定自己的生活，在技术上是不可能实现的，因为技术合理性是保护而不是取消统治的合法性，理性的工具主义展现出一个合理的极权主义社会。马尔库塞对此的观点是，"政治意图已经渗透进处于不断进步中的技术，技术的逻各斯被转变成依然存在的奴役状态的逻各斯。技术的解放力量——事物的工具化——转而成为解放的桎梏，即使人也工具化。"[①]技术理性以富足和自由的名义扩展到

---

　　① ［美］赫伯特·马尔库塞：《单向度的人：发达工业社会意识形态研究》，刘继译，上海译文出版社 2006 年版，第 145 页。

个人和社会生活各个领域，提供一种表面上看得见摸得着的幸福，实际上，技术理性从一种解放力量成为一种统治力量，演变成一种统治的新形式，人陷入了普遍的奴役状态，它成了一种新的更美好的统治形式。也许我们可以从众多理论家对日常生活异化的研究中受到启发，从中发现消费文化中日常生活被异化的事实。

二、新的异化形式

在消费社会中，日常生活完全是作为消费的场所而存在，今天的消费者没有私人化的日常生活，他们的日常生活被完全纳入到消费结构之中，并为消费目的服务。日常生活中充满着一种波德里亚式的"关切的神话"；从一块小肥皂到一把椅子，没有任何东西是为了单纯的被消费，它们最大的目的是为了使我们在日常生活中获得满足。日常生活中的任何事物都不是毫无动机的，这使人相信一切都是可以购买，一切都是可以出卖的，这从日常生活内部输入了一种神话。如果把日常生活分为工作时间和休闲时间两部分的话，工作时间的异化已经被众多理论家研究过。消费社会使我们相信对休闲时间这一部分，我们掌握着充分的自主权，可事实是如何的呢？自由时间首先意味着可以自由地消费时间，人们可以在自由时间内实现自身。在消费社会中，日常生活中的自由时间被纳入到消费计划中：

> 假期的自由时间依然是度假者的私人财产，是他通过一年的汗水赚取并拥有的一件物品、一件财富，他就像享受其他物品一样享受它——他不会放弃它、把它给予、贡献（就像人们把物品放进礼品袋那样），而要将它用于一种完全无拘无束、用于意味着真正自由的时间之缺席。他被紧紧地束缚于"他的"时间之上，就像普罗米修斯被束缚在他的岩石之上那样被束缚于作为生产力的时间的普罗米修斯神话之中。[1]

---

① ［法］让·波德里亚：《消费社会》，刘成富等译，南京大学出版社 2006 年版，第122—123 页。

　　闲暇作为日常生活中必不可少的一部分，不再是个体可以自主支配的时间。因为，在当代资本主义社会，人们日常生活的闲暇时间同样被异化了，充斥在闲暇时间中的只有即兴表演、耸人听闻的新闻、各种各样的广告，等等。"它引起一种狂热，一种小摆设、小用具和吉祥物的狂暴世界。这些小玩意个个都想表示一种价值的永恒，都想在无法通过恩赐拯救的情况下通过自身的努力来拯救。"①

　　今天，我们日常生活中充满了各种各样的消费行为，通过消费来建立某种平衡，更是用消费来衡量一切的价值、信仰与观念，消费已经成为当今社会的风尚、新的图腾，它决定着整个社会活动的动机。在传统日常生活异化的理论中，工人日常生活的异化都是关注的焦点，马克思、卢卡奇等人都对工人日常生活的异化进行了研究。在消费社会中，日常生活以审美化的方式呈现出来，原来那种残酷的日常生活早已不存在了，"在这种动乱中，有一类人则杳无踪迹：那就是无产阶级。他们昏厥了吗？抑或潜入丛林打游击去了？再或被弃置于博物馆内了？有些人深信，在高度工业化的国家，无产者已不复存在。"②在消费社会中，无产阶级似乎已经不存在，他们的日常生活也不存在异化的现象，事实是否真的如此呢？

　　　　古老的无产阶级通过出卖劳动力来维持生计；他们仅有的一点休闲时间，是在聊天、口角、酒馆娱乐、爱情游戏、马路闲逛、节庆和骚乱中将就着度过的。新型的无产阶级出卖劳动力用以消费。当劳动者在强迫中不寻求晋升时，便被说服去购买物品（汽车、领带、文化用品等），而这些物品又将劳动者定位在社会等级上。在这个时代中，消费的意识形态成为意识形态的消费。③

　　由此可知，异化的形式改变了，但异化本身依然存在，并且这种更加隐蔽的异化形式更为严密地控制着人们的日常生活，使人们在异常愉

---

　　① ［法］让·波德里亚：《消费社会》，刘成富等译，南京大学出版社 2006 年版，第 33 页。
　　② ［法］鲁尔·瓦纳格姆：《日常生活的革命》，张新木等译，南京大学出版社 2008 年版，第 62 页。
　　③ 同上书，第 68 页。

悦的状态下心甘情愿地接受它。因此，消费社会中的日常生活不存在任何休闲时间，人们被迫去购物或是陶醉在消费的梦想中，消费意识充斥于日常生活。人们希望实现梦想，而大多数情况下，他们并不能够通过日常生活中的消费行为来改变自己的身份，所以追求与满足处于这种永无休止的互相扑空状态。"我们所期待的远超过我们祖先们的想象，但我们付出的代价则是永远都挥之不去的焦虑——我们永远都不能安于现状，永远都有尚未企及的梦想。"①

第二节　美的滥用

当今消费社会中的日常生活充斥着美的表现，"美的滥用"已成为一种普遍现象，现在对于我们来说，美不是太少的问题，而是太多的问题，甚至是过剩的问题，这成为日常生活异化的新形式：

> "审美化"基本上指将非审美的东西变成或理解为美……审美类型应用于非审美之物，其情况可以彼此各不相同：在都市环境中，审美化意味着美、漂亮和时尚的风行；在广告和自我设计中，它意味筹划和生活时尚化的进展；讲到客观世界的技术决定因素和社会现实通过传媒的传递，"审美"归根到底是指虚拟性。②

从历史的角度说，美学或艺术往往被视为少数特权阶级所拥有的特权，成为一种象征社会地位的资格和标志，普通百姓是无缘享用美或艺术的。日常生活被判定为非哲学的、庸俗的、没有意义的领域，虽然艺术与现实、艺术与日常生活之间的关系一次次受到修改，但两者之间的距离始终是一个无法改变的事实。然而，随着社会的演进、文化的民主化和传播技术的进步，美学的新图景出现了——审美渗透进日常生活的每一寸肌理中，如今，我们生活在一个被美充分渲染的环境中。"毫无疑

---

① ［英］阿兰·德波顿：《身份的焦虑》，陈广兴等译，上海译文出版社2007年版，第58页。

② ［德］沃尔夫冈·韦尔施：《重构美学》，陆扬等译，上海译文出版社2006年版，第11页。

问，当前我们正经历一场美学的勃兴。现实中，越来越多的要素正在披上美学的外衣，现实作为一个整体，也愈益被我们视为一种美学的建构。"①

毫无疑问，日常生活中的审美不仅仅发生在现代消费社会，只不过在消费社会中，日常生活的审美占据了越来越重要的位置。在前工业化社会中，日常生活中的审美没有成为社会的关键性问题，它一直没有受到重视，处于从属的地位，居于审美体系的底层。美始终都被为数不多的社会文化精英所垄断，在本质上是一种远离日常生活的审美体验，如康德将美看成是一个无关利害的自律的领域，黑格尔认为"美是理念的感性显现"。因此，美仿佛是不食人间烟火的天方夜谭，更被认为是接近真理和神明的一种方式，只有少数人才能抵达其边缘。这一切在消费社会中被彻底颠覆了，我们的日常感性生活被纳入到市场的运作过程之中，消费文化决定了美学的面貌，审美经验的性质从根本上发生了变化，美学与消费紧密相连，美不再处于"自律"状态。美渗透到一切事物之中，不再是供少数贵族享受的精神专利，而成为一种可以随意挑选和任意消费的大众消费品。

当我们欣喜于日常生活中审美现象的勃兴时，也必须考虑日常生活审美化出现的背景。"日常生活审美化"的出现绝非简单孤立的美学事件，可以说，它是在特定语境中产生的，消费社会是导致"日常生活审美化"出现的最根本的也是最直接的原因，使审美化在当代日常生活中得到了最彻底的实现。因为日常生活是消费的最终场所和领域，日常生活必然演化成资本主义市场经济尽力争夺的地带，其目的是为了肆无忌惮地追逐经济利润。因此，日常生活审美化是出于经济目的，美在更多的时候成为一种消费社会生产机器中的润滑剂，为什么审美化可以带来经济利益？

　　这类日常生活的审美化，大都服务于经济的目的。一旦同美学联姻，甚至无人问津的商品也能销售出去，对于早已销得动的商品，

①　[德] 沃尔夫冈·韦尔施：《重构美学》，陆扬等译，上海译文出版社 2006 年版，第 4 页。

销量则是两倍或三倍地增加。由于审美时尚特别短寿，具有审美风格的产品更新换代之快理所当然，没有哪一种需求可以与之相比。甚至在产品固有的淘汰期结束之前，审美上已经使它"出局"了。不仅如此，那些基于道德和健康的原因而滞销的商品，通过审美提高身份，便又重出江湖，复又热销起来。①

美的生产已经完成被吸纳到商品生产的总体过程之中，费瑟斯通早已指出："在社会整体的生产关系中，美的生产也就愈来愈受到经济结构的种种规范而必须改变其基本的社会文化角色与功能。当日益增长的经济需求带来一定的社会反应时，我们自然便能看到各种各样的社会机构伸手给予那新兴的艺术以不同性质的支援赞助（包括设立艺术基金、博物馆赞助金等）。"② 因此，日常生活中的审美呈现，在很大程度上是消费文化意识形态制造的幻象，消费文化塑造了审美趋时性、媚俗化的走向，展示了审美"功利性"的一面。消费借助审美完成了对日常生活的殖民化过程，同时也使日常生活被赋予了审美的形式，这在很大程度上反映了现代人追求自我实现的需要，以及充分享受生活意识，刺激人们进一步追求和憧憬"美好生活"。

今天，美对于日常生活是一种装饰关系，无处不存在的美持续不断地刺激着人们的审美感受，可以说，审美已经成为生活的指导原则和策略，成为一种自足的社会指导价值。与此同时，日常生活的过度美学化也带来的一些值得警醒的问题，普遍存在的美将主体导向无动于衷，美学化演变为一种麻痹化，正如瓦纳格姆所说，"再也没有什么令人惊奇的东西了，这就是悲剧！"③ 美原本具有的那种令人震撼的品质和给人启迪、振奋的作用被消解了，消费社会制造的美是让人沉沦于美之中，全面的审美化或审美的泛化只会给人带来感觉的剥夺：万事万物皆为美，什么东西也不复为美。审美的麻痹化带来的不是审美的自由，反而是审美的

① ［德］沃尔夫冈·韦尔施：《重构美学》，陆扬等译，上海译文出版社2006年版，第6页。
② ［美］詹明信：《晚期资本主义的文化逻辑：詹明信批评理论文选》，张旭东编，陈清侨等译，三联书店1997年版，第429页。
③ ［法］鲁尔·瓦纳格姆：《日常生活的革命》，张新木等译，南京大学出版社2008年版，第9页。

沉沦，审美创造和审美传播不再是为了理想、终极价值，而只是为了今天、为了世俗、为了适应大众的生活准则与审美趣味。因此，审美文化的创造失去了灵魂和生命力，在表面的审美大众化、民主化背后所风行的泛审美意识只不过是一种伪审美精神，真正的生活世界的审美化还是一项未竟的现代性工程。

第四编

费瑟斯通的生活方式理论

生活方式是人类为了满足生存、发展的需要而进行的全部生命活动的总体模式。通过对人类社会的观察可以发现，生活方式是随着社会历史的进步与发展而有规律地演变，不存在脱离具体社会形态的、抽象的、永恒不变的生活方式。正是对幸福的追求和对幸福感的渴望，促使人类孜孜不倦地促进生产力的发展，努力提高生活方式。所以，人类生活方式的发展是一个永无止境的过程，随着人类文明和社会的不断进步，生活方式亦将不断变革和更新。

消费社会是一种强调高消费的社会形态，大规模的消费意味着人们在生活方式上必然要接受社会变革和个人改造的观念，与以往的生活方式相比，消费社会中的生活方式必然具有自身的独特性。同时，传统社会的发展速度比较缓慢，因此生活方式在不为人意识的时候发生了改变，只有当社会剧烈变化时，原有的生活方式与新兴的生活方式产生鲜明的对比，通常在这种时候，会引起人们对生活方式的普遍关注。因此，消费社会中的生活方式成为新的研究热点，正如宾克莱在《理想的冲突》中所说，"一个人除非对供他选择的种种生活方式有所了解，否则，他不可能理智地委身于一种生活方式"。①

费瑟斯通在《生活方式与消费文化》一文开篇就说道：目前"生活方式"这个词很时髦。费瑟斯通不是仅仅从传统或者习惯的角度来思考生活方式，他以新颖、独特的视角解读出生活方式在消费社会中的意义。费瑟斯通认为，在消费文化语境中，生活方式不再与阶级地位紧密联系在一起，人们可以自由地选择生活方式，生活方式包含个性、自我表达及风格的自我意识。"当生活方式的推广已经成为生活方式的一部分时，我们就无法避免涉足消费商品以及自我塑造或自我完善的相关仪式的选择。"②消费社会推广的是一种享乐型生活方式，传统节俭型生活方式必然遭受淘汰，享乐型生活方式成为"正常"生活方式的代表词。费瑟斯通

---

① ［美］L. J. 宾克莱：《理想的冲突：西方社会中变化着的社会观念》，王太庆等译，商务印书馆1983年版，第6页。

② ［英］西莉亚·卢瑞：《消费文化》，张萍译，南京大学出版社2003年版，第29页。

进一步指出，生活方式成为自我认同的途径，并且使消费者关注健康生活方式。消费社会宣传的生活方式是否真的能够让消费者自由选择呢？费瑟斯通认为，在自由选择生活方式的表象之下，是不平等的事实，因为生活方式本身就是为了进行阶级区分，消费社会使消费者相信通过生活方式的选择可以步入上层社会，因此当代消费者不仅被要求合理地使用产品或把产品当成一种工具，而且，他们利用生活方式来表达和展示一种自我认同。

第一章

"没有规则只有选择"

第一节 从"不可选"到"可选择"

在费瑟斯通看来,当代消费社会反对统一性,"由于其对平等的喜好与对分歧的容忍,并认可个人对没有拘束与道德约束的大众乐趣拥有享受权利。"① 因此,消费社会提供给消费者越来越多的选择机会,这同样包括对生活方式的选择。众所周知,人类的生活方式并非是一成不变的,从传统社会到现代社会,人们的生活方式发生了根本的变化,但一般来说,当经济基础和物质生活条件还比较薄弱时,人们不得不选择某种生活方式,并由这种生活方式形成消费习惯和消费选择。例如自然经济决定人们只能选择农业社会生活方式,过着"男耕女织"、自给自足的生活。因此,在很长历史时期中,生活方式只是一个给定的生活模式,生活在这种社会环境中的人们只是重复其他人的生活方式,在生活方式发生实质上的变化以前,一代人与另一代人的生活方式只存在时间上的先后,并不存在实质上的差异。

消费社会是一个充满"选择"的机会并不得不进行"选择"的社会,费瑟斯通早已洞悉选择的重要性:

> 与灰暗的墨守成规的二十世纪五十年代相比,大众消费、生产技术变迁、市场分割以及消费者对产品需要的范围,不仅为本世纪六十年代后的年轻一代,而且还为不断增长的中老年群体,提供了越来越多的选择可能性,选择方式本身也成为了一种艺术形式。②

---

① 〔英〕迈克·费瑟斯通:《消费文化与后现代主义》,刘精明译,译林出版社2000年版,第122页。

② 同上书,第121页。

　　因此，"选择"本身就是一个充分体现消费文化的词汇，能够自由地选择生活方式是消费社会最具诱惑力的方面。因为我们对生活方式一向缺乏选择权，只能够按照某种生活方式生存，消费社会的出现使生活方式不再被认为是一个给定的生活模式，鼓励消费者打破传统的生活方式，在不断的冲突与试验中选择一种全新的生活方式，生活方式本身成为需要选择的对象，而这在以前是不可想象的事情。

　　生活方式的不可选不仅是因为生产水平的原因，更重要的原因是因为生活方式是与阶级地位紧密相连的。从古至今，人类的生活方式一直有着尊卑之别，可以从生活方式认识社会地位，因此，人们只能按其社会地位规定的生活方式生活，不能逾越其社会地位随意选择生活方式。韦伯在《经济与社会》一书中讨论"阶级地位"与"等级地位"时引入了"生活方式"的概念。韦伯认为，"阶级"应该是指处于相同阶级地位的人的任何群体，而"阶级地位"应该是指："1. 货物供应的典型机会；2. 外在生活地位的典型机会；3. 内在生活命运的典型机会"。①韦伯同时谈到："一个军官、官员、大学生的阶级地位由其财富所决定，他们的阶级地位可能极为不同，然而其等级地位并无二致，因为由于教育而形成的生活方式的性质，在对等级来说至关重要的根本点上，是相同的。"②因此，构成等级地位的一个重要标志，便是具备性质相似的生活方式。"在内容上，地位的荣辱通常表现于这一事实：一定的生活方式能够受到这样一些人的期盼，以至他们都希望属于这个圈子。"③也就是说，等级地位的尊卑是由不同的生活方式体现出来的，特定的生活方式成为等级地位的象征。"任何等级的社会都是靠惯例即生活方式的规则维持其制度的，因此在经济上制造着不合理的消费条件，因而也由于垄断性的占有和排除自由支配自己的获益能力。"④

　　凡勃伦的研究同样显示出，人类在大部分历史时期里都没有自由选

　　① ［德］马克斯·韦伯：《经济与社会》（上卷），林荣远译，商务印书馆1997年版，第333页。
　　② 同上书，第338页。
　　③ H. H. Gerth and C. Wright Mills. From Max Weber: *Essays in Sociology*, New York: Oxford University Press, 1946, pp. 186—187.
　　④ ［德］马克斯·韦伯：《经济与社会》（上卷），林荣远译，商务印书馆1997年版，第339页。

择生活方式的权利。不管是在文化程度较低的时期还是在文化较高级的阶段，人类社会总是严格规定了公认的正派和光荣的生活方式的构成因素，并对某一阶级的生活方式都有所规定或限制。如凡勃伦通过对未开化文化的较高阶段进行的研究表明，上层阶级因为享有经济上的特权，他们的生活方式就已经与下层阶级严格区分开来，"上层阶级的男性对一切生产工作不但不参加，而且按照传统习惯是不允许参加的。他们的业务范围有严格规定。这类业务上面已经提到，不外是政治、战争、宗教信仰和运动比赛。这四个方面的活动支配着上层阶级的生活方式。"①因为凡是体力劳动、生产工作或是同谋生直接有关的任何日常工作，都是下层阶级的专有业务，上层阶级用这种方式与从事体力劳动和生产工作的下层阶级明显区分开来。

因为生活方式是地位的象征，社会不允许个人随意选择生活方式，不可避免的现象是，下层阶级为了能够提高自身的社会地位，总是刻意对上层社会的生活方式进行模仿。同样的，新兴阶级为了获得上层社会的认可和社会的尊重，总是竭尽全力地追求和模仿上层阶级的生活方式，在服饰、食品、住房等方面进行炫耀性消费。桑巴特在《奢侈与资本主义》一书中详细论证了从16至18世纪，新贵通过改变生活方式提高社会地位的过程。因为奢侈是贵族生活方式中很有特征的一部分，所以暴发户不辞辛劳、笨拙地模仿贵族的习惯，那时一个叫杜卡莱的人在吃巧克力时总要由4个仆人侍候，而最粗俗的暴发户也遵从在本质上仅为少数人所具有的保持良好举止的观念。②这种模仿与竞争的关系从古就有，并将持续下去。"下层阶级的模仿促使上层阶级再次改变自己，然后再次模仿，再次改变，再次模仿，再次改变——如此类推永不会有终止。"③

在费瑟斯通看来，消费文化的创新之处不仅仅在于提供一种不断消费和获得新物品的意识形态，它更重要的是积极培育一种选择生活方式的意识，教育消费者通过新的行为方式和穿着方式实践一种新的生活方

---

① [美]凡勃伦:《有闲阶级论》，蔡受百译，商务印书馆2007年版，第4页。

② 参见[德]桑巴特《奢侈与资本主义》，王燕平等译，上海人民出版社2005年版.第114—128页。

③ David Bell, eds. *Historicizing Lifestyle*: *Mediating Taste*, *Consumption and Identity from the 1900s to 1970s*. Burlington: Ashgate, 2006, p. 7.

式，作为新的社会地位的象征。费瑟斯通明确指出："特殊群体稳定的生活方式已经被超越了。"①消费社会改变了以往生活方式与社会地位之间相对固定的关系，消除了生活方式选择与社会地位选择之间的区别。消费文化认为社会地位是可以改变的，而这种改变通过对某种生活方式的自由选择来完成，最终又是通过商品、服装、表情及身体姿态等方面达到的。丰裕的物质文化使商品的获得成为轻而易举的事情，这促使消费者对改变生活方式、提高社会地位产生无限的希望，从而主动选择自己的生活方式，尽管这种自主选择的范围是有限的，但消费社会的魅力正在于它提供了这种改变的可能。与此同时，消费文化不断告诫消费者，他人是根据商品的品位、服装的品牌、身体姿态等混合体对其进行分类的。正如费瑟斯通所指出的：

> 这不是说人们通过传统或习惯而不加反思地接受某种生活方式，相反，新的消费文化的英雄们，在他们设计好并汇合到一起构成生活方式的商品、服装、实践、体验、表情及身体姿态的独特聚合体中，把生活方式变成一种生活的谋划，变成了对自己个性的展示及对生活样式的感知。②

费瑟斯通认为，对生活方式的选择变成了一种对生活的谋划，因此，众多的消费者都被卷入这场主动设计生活方式、提升社会地位的风波之中。金钱强大的购买力使其可以获得梦想的大多数商品，同时促使消费者认为金钱可以买到的，都是物有所值的，因为他们不仅是在购买商品，同时也是在购买自己选择的一种生活方式。根据罗兰·马钱德对战时美国广告的开创性研究，他得到的结论是，20 世纪 20 年代广告最主要的发明是对生活方式而非产品的销售。③19 世纪广告宣传画的特征是以产品为主，介绍生产产品的工厂或者工人，而到 20 世纪 20 年代，大部分广告公

---

① ［英］迈克·费瑟斯通：《消费文化与后现代主义》，刘精明译，译林出版社 2000 年版，第 121 页。

② 同上书，第 125—126 页。

③ 参见 Roland Marchand, *Advertising the American Dream: Making Way for Modernity*, 1920—1940, Berkeley: The University of California Press, 1985, pp. 14—15。

司开始销售生活方式而非产品。广告开始告诉消费者他们会怎么被看待，他们新的认同可能会是什么，而不是陈述产品本身的优点，宣传通过新的生活方式，即消费某些特定的产品或服务获得认可的信息。

第二节　选择生活方式

费瑟斯通选择在英国国内很具代表性的《选择》杂志为例，具体说明选择生活方式是怎样成为人们的权力和生活的一部分。费瑟斯通选择《选择》来考察消费社会对生活方式的影响是有其理由的，众所周知，《选择》是英国第一本针对退休以后生活的杂志，在不断扩张的消费文化的影响下，刊物本身的名称也几经改变，其发展历程可以从一个侧面看出消费社会对人们生活方式的影响，同时看到人们是怎样从无意识到有意识，最后主动地参与对生活方式的选择。

《选择》第一次发行是在 1972 年 10 月，当时的标题是《退休的选择》（Retirement Choice）。费瑟斯通提醒我们注意一个很明显的现象：在杂志发行的前几年，"退休"的字眼在封面标题中占据更为显著的地位，而"选择"只是扮演一个附属的角色。[1]杂志把自身定位为退休的传统形象，即认为退休应该是与积极生活相分离、好好放松与休闲的一段时期，费瑟斯通特别用 1973 年 11 月份的杂志封面来展示当时退休后，人们所选择的生活方式：图中是一个已经退休的人和一个小孩，退休的人与小孩形成鲜明对比：小孩子拿着书本认真学习，而已经退休的人正靠着墙壁打盹，虽然他外表没有非常明显的衰老痕迹，但在他身上已经看不到任何生活的激情和憧憬，只是平静和无聊地度过其生命中的最后一段时光。

费瑟斯通注意到《选择》杂志在 1974 年 10 月和 11 月之间在设计上发生了巨大变化，标题改为《退休前的选择》（Pre Retirement Choice），把重点改放在"选择"上，并且原来单调的封面和内容——只有偶然的几个词汇用彩色强调——被平滑的封面取而代之，并且第一次出现了政界、商界和媒体名人的形象。这些人无论是在个人外表还是生活方式上都代

---

① Mike Featherstone and Mike Hepworth, "Images of Positive Aging" in Mike Featherstone, eds. *Images of Aging*: *Cultural representations of later life*. Routledge, 1995, p. 37.

表反对老年歧视（anti‐ageist）的形象，就像新标题显示的，杂志的注意力开始放在退休的"准备"、闲暇和生活方式的选择上。以封面照片上的名人为代表，消费文化毫不掩饰对他们的欣赏之情，赞赏他们选择一种积极、年轻的生活方式，依次出现在《选择》封面上的人物包括政治家玛格丽特·撒切尔夫人（1974 年 12 月），战时流行歌手维拉·林（1975年 1 月），喜剧明星艾利克·莫肯伯（1975 年 2 月），商会主席汤姆·杰克逊（1975 年 5 月）。此时，与"退休"比较起来，"选择"显然占据更为明显的位置，这种转变是为了创造"一本能够为退休做准备的杂志"。"这种意图是为了扩大'退休前'的概念，从而吸引更年轻的读者群：寻找未来积极方向的中年人，人们往前看就能够看到退休，所有人或早或晚都要重新更新他们的生活"。①

　　费瑟斯通进一步指出，在 1975 年 5 月和 6 月期间，"选择"一词变得更加突出了，与之相比，"退休前"一词最终从封面上删掉并且杂志重新命名为更为简单的《选择》，副标题是"唯一为退休做好计划的杂志"（1975 年 6 月）。正如费瑟斯通所指出的："这些变化最重要的一个结果是使退休前或者是退休不可避免地成为消费主义生活方式的重要形象"。②《选择》使新的退休形象与传统退休形象进行对比，其目的是突出选择新的生活方式的重要性和必要性，同时用一些传统的爱好为那些已经退休的人建立一种更加活跃和积极的形象，这些爱好包括园艺、绘画、摄影、体育、养宠物等。"在这些传统的娱乐中，身体自我有意识的风格化、呈现年轻的外表和培养一种表现性的生活方式被长期忽视了"③。

　　费瑟斯通认为《选择》杂志从创办以来，经历了比较大的风格转变，最重要的特征是它明确地对英国传统老年生活方式进行攻击，使公众对退休的态度发生改变。"在很长的一段时间里，退休与无用、消极的老年联系在一起的，现在社会有责任把退休转变成生命中一段积极的时期"。④

---

　　①　Mike Featherstone and Mike Hepworth, "Images of Positive Aging" in Mike Featherstone, eds. *Images of Aging*: *Cultural representations of later life*. Routledge, 1995, p. 44.

　　②　Ibid.

　　③　Polhemus, Ted. and Proctor, Lynn, *Fashion and Anti‐Fashion*: *An Anthropology of Clothing and Adornment*, London: Thames&Hudson, 1978, p. 12.

　　④　Mike Featherstone and Mike Hepworth, "Images of Positive Aging" in Mike Featherstone, eds. *Images of Aging*: *Cultural representations of later life*. Routledge, 1995, p. 29.

《选择》宣传一种积极、有活力的生活方式，使传统的生活方式成为过时的标志，更成为个体对自身不负责任的做法，个体要做的是通过选择一种新的生活方式，开始一种新的生活。《选择》告诫读者退休后不要穿"单调的制服"：黑而长的裙子、式样古板的衬衣、老式的鞋子，从心理与外表上公开承认自己已经进入了老年。退休不是与消极的生活方式相对应的，相反，通过选择一种积极、快乐的生活方式可以使退休以后的生活更丰富，每个人都应该通过选择新的生活方式来享受这段美好的时光。因此，在1972年，祖母们因为她们现代的外表而受到赞赏，而对化妆不用心、为了舒适而在家里穿旧衣服的日子已经过去了。费瑟斯通指出，《选择》为了重新建构退休在生命中的形象，在1972年11月，邀请读者参加一套"过去与现在"的照片展，这是与年龄变迁相关的服装照片，同时也是为了把退休从反面和失败的传统形象中解放出来。老照片的展示表明19世纪80年代男性和女性在穿着方面的压力在20世纪60年代开始减轻了，社会开始把他们从"生理年龄的束缚"中解脱出来，移开了那些使人感觉老的外在压力。1978年12月的《选择》明确表示："很多代人以来，对老年的期望与严格的年龄模式相符合，今天我们正在尝试让健康的空气吹走这些令人讨厌的陷阱"。[1]

费瑟斯通敏锐地观察到《选择》的风格改变是与消费社会紧密联系在一起的。在《选择》刚开始发行时，编辑的风格反对与商业利益联系在一起，在很长的一段时间里，杂志为了生存发展进行了艰苦的努力。直到1973年政府还为《选择》提供了财政支持，并且杂志仍然与退休协会保持联系，退休与消极的生活方式密不可分。为了适应新的社会环境，1974年12月新发行的杂志涉及更多休闲和娱乐等方面的内容，包括"中年保持身体整洁的建议"（1974年11月）。费瑟斯通指出："以消费文化为方向的变革，为杂志确立了积极的老年形象的分界线。商品和服务的消费在反对老年歧视中扮演着重要角色，同时也演变成提升积极生活方式的通道"。[2]因此，为了顺应这种发展趋势，杂志的标题快速地转变成"选择"，而副标题"为闲暇和退休计划的杂志"被放置在毫不引人注目

---

① Mike Featherstone and Mike Hepworth, "Images of Positive Aging" in Mike Featherstone, eds. *Images of Aging: Cultural representations of later life.* Routledge, 1995, p. 33.

② Ibid, p. 34.

的位置上。

　　现在出现在《选择》封面上名人的，没有哪个人的照片表现出消极的退休意图，相反的是，很多人通过选择一种积极的生活方式重新获得年轻活力。"倘若《选择》中的名人已经退休了，他们通常没有失去实现另外就业的机会，从而实质上有机会把老年改造成一个精力充沛、活跃的形象，并且最重要的是成为实现自我的享受途径"。①费瑟斯通通过列举几副封面照片来印证这一观点：在 1978 年 11 月的封面上，一对老年夫妻笑得阳光灿烂，他们身后的背景是绿意盎然的森林，因此，他们不再是安度晚年的形象，而是通过选择一种健康、年轻的生活方式，重新焕发出青春活力，在他们身上看不到一丝一毫的消极与倦怠，而是积极地投入生活。另外，封面中醒目的"生活在 50 岁开始（LIFE BEGINS AT 50）"的标语进一步告诫读者，老年是另一段精彩生活的开始，正是通过选择一种新的生活方式，可以让我们的生活更加美好。

　　费瑟斯通的研究使我们看到，《选择》的名称经历了从《退休的选择》到《退休前的选择》再到《选择》的转变过程，在此过程中，"退休"从公开的位置转移到隐蔽的状态，"选择"则上升到中心位置。在最初阶段，退休是与老年、死气沉沉、没有活力的生活方式联系在一起，通过《选择》杂志封面上的名人可以看出，大众传媒宣传名人光鲜迷人的生活方式，逐渐改变人们对老年的态度和看法，使退休的意义一步步地改变。在消费社会中，生活方式成为可以自由选择的对象，鼓励消费者选择一种更加积极的生活方式，选择积极的生活方式就等同于选择更加美好的生活本身。同时也从一个侧面说明，大众传媒在教育消费者应该选择何种生活方式方面发挥了重要的影响作用。

---

　　① Mike Featherstone and Mike Hepworth, "Images of Positive Aging" in Mike Featherstone, eds. *Images of Aging*: *Cultural representations of later life*. Routledge, 1995, p. 38.

第二章

享乐型生活方式

第一节　媒体宣传的生活方式

费瑟斯通不仅认为生活方式是可以选择的，同时认为消费社会选择的是一种享乐型生活方式，媒体广泛地宣传一种享乐型生活方式，促使我们把享乐型生活方式当成一种完美的生活方式来接受。

费瑟斯通用出现在《太阳报》上的一则流行漫画来说明，享乐型生活方式是如何演变成为一种完美的生活方式。"乔治与琳"是一则每天出现在《太阳报》上的连载漫画，作为一对富裕的中年夫妇，乔治和琳生活在河边的独立公寓中，他们有大量的朋友，享受一种物质丰盛的生活，同时没有小孩需要照顾。与以前的中年男女相比，他们积极地经营生活，投入身体保养的行列中，注意维持自己的外表、体重，周末到镇上的旅馆度过愉快的私人生活。因此，虽然他们已经到了中年，但他们仍然有着青春、健康的外表，他们的形象依然年轻、性感，同时有吸引力和魅力，很难判断他们的真实年龄。

费瑟斯通指出，实际上乔治与琳选择的是一种享乐型生活方式，漫画对这种生活方式充满了赞美与羡慕之情，以获得这种生活方式为荣：

> 明显对比，乔治和琳是对待中年新的态度的典型，这是流行媒体对此的祝贺。它证明了如果个体能够照顾好自己的身体并且对生命采取一种积极的态度，那么就能够避免年龄进程中的衰退和消极的影响，从而延长他们享受消费文化生活方式益处的能力。①

---

① Mike Featherstone and Mike Hepworth, "Midlifestyle of 'George and Lynne': Notes on a Popular Strip" *Theory, Culture & Society*, 1, 3, 1983.

　　与之形成鲜明对比的是他们的朋友：爱丽丝和她的丈夫。爱丽丝夫妻坚持传统中年的生活方式，对生活采取一种顺其自然的态度。因此，爱丽丝是肥胖与不修边幅的中年妇女形象，而她的丈夫则是个秃顶，同时，爱丽丝不能接受"生命在四十岁开始"的格言，反而认为四十岁是一切开始徒劳、吵架或是过时的十年。两种生活方式形成鲜明的对比，乔治和琳代表光鲜迷人的享乐型生活方式，爱丽丝夫妻代表过时的传统生活方式，在享乐型生活方式的映衬下，传统生活方式显得黯然失色，消费社会用这种方式促使消费者对这种落后、过时的生活方式产生一种厌恶之情。

　　费瑟斯通认为，消费社会最成功的地方是重新建构符合消费社会要求的享乐型生活方式，而在传统生活方式让位给享乐型生活方式的过程中，大众传媒发挥了难以想象的作用。表面上看，大众传媒在消费文化中非常易见，这使我们对流经身边的影像不可能投入过多的关注，我们从一个又一个影像旁边匆匆走过或者视而不见，事实上，数量庞大的影像从根本上改变了我们对美好生活的想象，影像中的生活方式给我们留下了深刻的印象。费瑟斯通特别指出，好莱坞电影对于传播享乐型生活方式的突出作用与意义，引起大众效仿这种享乐型生活方式的热潮。

　　美国电影业借着第一次世界大战带来的有利于自身发展的客观环境，很快就成为世界电影市场上的霸主，同时促使享乐型生活方式借助好莱坞电影开始对全世界产生强劲的冲击。好莱坞电影的中心是明星制，明星经过工作室全面、严格的包装之后出现在屏幕上方，满足观众的消费需要。费瑟斯通指出："明星们（包括男性和女性）的工作就是为公众具体化和传递他们宣传的梦想世界。"[1]明星们代表着一种迷人的、光芒四射的生活方式，在他们身上带有一种梦幻般的力量，大众对这种生活方式产生模仿的渴望。

　　毫无疑问，好莱坞电影是一个年轻、发展中的工业，它急切地把所有的一切都放入镜头中，但是，好莱坞电影的年轻丝毫不能够影响它的魅力，它在方方面面都决定着人们的生活，它所展示的享乐型生活方式

---

① Mike Hepworth and Mike Featherstone, *Surviving Middle Age*. Oxford：Basil Blackwell, 1982, p. 75.

爆发出无穷无尽的魅力，吸引全世界的人们全力效仿，包括男女演员的生活方式。费瑟斯通用一段话来说明大众对好莱坞电影中的生活方式的模仿热潮：

> 甚至是在二十年以前，一个镇即使与距离最近镇上的姑娘看起来也是明显不同的；她们有不易混淆的小城镇或乡村气氛；然而现在她们即使与一打以上城市中的姑娘看起来也不存在任何区别，她们都是摹仿好莱坞得来的同一个模式。①

费瑟斯通指出，公众流行印象中的好莱坞是一个没有衰老、痛苦、贫困的世界，好莱坞电影的主题永远是甜蜜的爱情、永恒的正义等，并且总是以皆大欢喜结局，洋溢着一种乐观、自信的气氛。好莱坞电影最大的成功之处不在于它用劝导的方式展示人们所渴望的生活方式，它只是用一种叙事的方法来使读者或观众认同它。好莱坞电影展示了消费社会中美好的一面，满足了人们对现代物质生活的感官体验，代表着一种轻松、舒适、优雅的生活方式，所有的观众都毫不犹豫地认同并喜欢上这种生活方式，并且在现实生活中自觉或不自觉地对其进行模仿，潜移默化地受到了影片中所宣扬的享乐型生活方式的影响。因此，好莱坞电影对传播享乐型生活方式起到了重要作用，确实，对于明星们这种令人艳羡的生活方式的诱惑，又有几个凡人能够抵挡得住！

好莱坞电影的内容涉及生活中的各个方面，通过对节俭、朴素和节制等传统观念的消解，重新建构了消费文化中新的价值观。富人及明星们享乐型生活方式向人们展示了一种全新的幸福、快乐等概念，它们被描述为或宣传为一种值得仿效的生活方式：

> 广告的目的在于使观赏者对他当前的生活方式萌生不满，但并非使他不满意社会的生活方式，而是让他对此中自己的生活方式感到不满。广告示意：假如他购买广告推销的商品，生活便可望改善。

---

① Mike Hepworth and Mike Featherstone, *Surviving Middle Age*. Oxford: Basil Blackwell, 1982, pp. 72—73.

它向观赏者提供了一项改善现状的选择。①

消费社会为消费者提供了一种更为体面的生活方式，改变了消费者对生活方式的理解、接受方式和选择。"在一个日常生活中充满许多选择的世界中，生活方式的媒体可以理解成消费什么和怎么消费的向导，从一系列不仅是商品，还有服务和经验中进行选择。"②

第二节　"正常"的生活方式

费瑟斯通指出，在消费社会中，享乐型生活方式成为正常的生活方式的代名词，传统节俭型生活方式完全被享乐型生活方式取代了。实际上，"正常"是一个不断变化的范畴，随着社会的发展变化，曾经正常的可能会变为异常。"生活方式通常由一套价值观为之辩护，由社会机构（教堂、学校、家庭等）予以控制，并在品格构造中体现出来。只要有气质相同的一群人持有这种生活方式，就存在着社会学家称之为'身份集团'（status group）的群体。"③这意味着，"正常"生活方式的建立与巩固需要统一的社会文化氛围，因此，在社会环境急剧变化的前后，大家都热衷于寻求适当行为的建议。

在每个社会不同的发展阶段中，"正常"生活方式的含义总是存在差异的。传统社会的发展速度比较缓慢，因此生活方式在不为人意识的时候发生了改变，只有当社会剧烈变化时，原有的生活方式与新兴的生活方式发生鲜明的对比，新旧生活方式之间会产生一种张力，两种生活方式都力图证明自己是正常的生活方式。通常在这种时候，会引起人们对生活方式的普遍关注，"正常"的生活方式成为一个需要不断定义和重新定义的过程。因此，享乐型生活方式成为正常生活方式经历了一个发展过程。

---

① ［英］约翰·伯格：《观看之道》，戴行钺译，广西师范大学出版社 2005 年版，第 155 页。

② David Bell, eds. *Historicizing Lifestyle*：*mediating taste, consumption and identity from the 1900s to 1970s.* Burlington：Ashgate, 2006, p. 4.

③ ［美］丹尼尔·贝尔：《资本主义文化矛盾》，赵一凡等译，三联书店 2003 年版，第 111 页。

享乐（hedone）一词源于希腊文，本义是指"享受安乐"，多用于贬义。这是因为人类早期始终与自然界进行着艰苦的搏斗，饥饿、匮乏与死亡一直是笼罩在人类心灵中挥之不去的阴影。人类渴望从贫困中挣脱出来，劳作是日常生活中的主题，在这样的生存环境中，不可能出现放纵、奢侈的生活方式，享乐是懒惰、放纵的同义语。中世纪是禁欲主义占绝对统治地位的时代，对那个时代的人来说，人从出生以来就带有原罪，人的一生是为了赎罪，人们只有抛弃肉体享受和世间的快乐才有可能获得灵魂的拯救，因此追求享乐成为人的一种罪恶，这种人生观要求人们放弃一切人世间的享乐。在资本主义发展到相当程度以前，新教伦理与清教精神强调工作、清醒、节俭、节欲等精神，在这种精神的指导下享乐被等同于欲望，是被诅咒和禁止的。17世纪欧洲出现的殖民计划的开拓和商业领域的扩大增加了物质财富，同时也滋生了享乐思想，清教徒对堕落的恐惧也日益增加，认为享乐会滋长懒惰，让人失去斗志，从而放弃自己的思想与意识，最终离开正道。直到18世纪新教徒仍将赚钱的意义升华为自我定义的过程，而不是把它当作追逐享乐来看待。人们害怕失去控制，害怕自我在物质过剩的世界中变为无形，对奢侈享乐的渴望与对失去控制的恐惧混合在一起。因此，虽然享乐型生活方式自古就有，如贵族和帝王将相们过着奢侈的生活，这成为他们特殊社会身份的标志，但一直没有成为社会的主流，没有被大规模接受。

资本主义生产力发展以后，从商界崛起的新贵开始模仿旧社会中封建贵族们特有的享乐型生活方式，桑巴特早就对新贵以何种方式提高社会地位进行过研究，"被允许进入贵族行列的平头百姓并不改变封建阶级的生活方式。新加入的成员在很短的时间内从内外两方面，使自己适应那个可以说像海绵包裹一滴水汽一样吸收他的新环境。"[1]通过模仿上层社会的生活方式，新贵开始融入上层社会，并获得认可，同时扩大了享乐型生活方式的社会影响。财富带来了富足、奢侈的快乐生活，但因为思想方面的控制，享乐型生活方式始终是一部分人的特权。从19世纪中叶开始，主要的大城市以拥有无数的时尚用品商店、百货商场而自豪，大批消费商品走进千家万户，"这就是资本主义'现代化'的第一幕：大都

---

[1] ［德］桑巴特：《奢侈与资本主义》，王燕平等译，上海人民出版社2005年版，第22页。

会价值观的漂泊人侵入质朴有机的群体，用闪光的物品来诱惑它，扰乱它生活的节奏，用它催眠般的'影响'力来吓住那些轻信的居民们"。①丰裕的商品劝诱消费者沉浸在物质的享乐世界中。

由此可知，计划经济时代由于物质普遍比较匮乏，个人的消费空间受到限制，人们的消费方式和消费对象大同小异，消费的目的也仅仅是为了满足日常生存和生活的需要而已，此时节俭型生活方式是一种正常的生活方式。而随着消费社会的来临，享乐型生活方式力图战胜节俭型生活方式，成为新的正常的生活方式。因此，在迅速变化的社会中，消费者必须学会怎样去消费，从众多的商品和服务中选择最合适的，此时就需要关于生活方式的指导，而电影、电视和广告等责无旁贷地担当此项重任，通过影像传播消费社会关于自身的信仰，教导人们用正确的方式随心所欲地购买一切美好的生活，显示它的主人在其生活方式之内所享受的一切。正如丹尼尔·贝尔指出的："妇女杂志、家庭指南以及类似《纽约客》这种世故刊物上的广告，便开始教人们如何穿着打扮，如何装潢家庭，如何购买对路的名酒——一句话，教会人们适应新地位的生活方式。"②

费瑟斯通指出，消费社会不仅使生活方式成为一种可以选择的对象，同时告诫消费者要对生活方式保持一种学习的态度，通过选择一种新的生活方式来进行提高：

> 新型小资产阶级是一个伪装者，渴望自己比本来状况要更好，因而一味地对生活投资。他拥有很少的经济或文化资本，所以他需要得到它们。因此，新型小资产者采取向生活学习的策略，他有意识地在品味、风格、生活方式等场域中教育自己。③

毫无疑问，新生活方式的兴起总是伴随着一部分人害怕变革的心理，

---

① ［美］李尔斯：《丰裕的寓言：美国广告文化史》，任海龙译，上海人民出版社 2004 年版，第 40 页。

② ［美］丹尼尔·贝尔：《资本主义文化矛盾》，赵一凡等译，三联书店 2003 年版，第 116 页。

③ ［英］迈克·费瑟斯通：《消费文化与后现代主义》，刘精明译，译林出版社 2000 年版，第 132 页。

因此新旧生活方式之间总要展开一场激烈斗争之后才能确立何者为"正确"的生活方式。往昔留传下来的生活方式与新的生活方式争相要求个体付出全部的忠诚，因此"正确"的生活方式成为一个值得争论的话题。同时，"正确"的生活方式代表着体面问题，而其易变性警示我们要与左邻右舍并驾齐驱，时刻观察时尚潮流的变化趋势，适应新的生活方式，并警惕不要掉队。因此，当代使用的"生活方式"是一个充满选择的积极过程。"被我们视为需要的东西与对正常东西的期待密切相关，什么是正常的不仅仅是一个统计标准，因为它在本质上是文化的。"[1]

　　理解了费瑟斯通对享乐型生活方式的观点，就能够理解消费文化对享乐型生活方式推崇备至的原因，同时理解"乔治和琳"为何能够成为消费文化中的英雄人物，而爱丽丝夫妻选择的生活方式又受到消费文化的极力贬低与打压。[2]费瑟斯通指出，这一切都是因为，消费社会需要开发和满足基本需要之外范畴更宽泛无限的"享乐"，因为只有这样才能扩大消费空间。消费社会是物质极度丰盛的社会，消费品的类型五花八门，从饮食、衣着到家具再到娱乐休闲，可谓是无所不包，小城镇式生活方式中节俭、约束自我的特征在一定意义上阻碍了资本主义市场最大范围的扩展，消费社会在本质上是与小城镇式生活方式相背离的，批量生产方式要求消费者放弃传统的生活方式，培养一种全新的享乐主义生活方式，从而为资本主义的发展开辟广阔的消费市场：

　　　　事实上，个体总是在不断地消费不同的产品。伴随着广告中出现了较为弥散的、模糊的对生活方式的想象，多种多样的信息读物被激发出来，它们不断地采用现代主义的甚至后现代主义的格式，采用对读者既教育、同时又阿谀奉承的促销手法。这样，消费文化诚如它一贯的承诺、能更明显地养成人们的个性及与他人的差异。[3]

---

　　① ［英］布莱恩·特纳：《身体与社会》，马海良等译，春风文艺出版社 2000 年版，第 86 页。

　　② 参见 Mike Featherstone, "The Midlifestyle of 'George and Lynne': Note on Popular Strip" *Theory, Culture & Society*, 1, 3, 1983。

　　③ ［英］迈克·费瑟斯通：《消费文化与后现代主义》，刘精明译，译林出版社 2000 年版，第 126 页。

消费文化促成了"及时行乐"的观念和注重物质享受的行为方式，使对"享乐"的追求成为现代人的重要特征，同时促使"享乐"一词从贬义摇身变为褒义，并获得了合法性的存在地位，为资本主义的发展开辟出广阔的消费市场。传统生活方式使需要消费的商品数量处于固定的状态，这种生活方式只会限制消费社会的发展与扩张，而爱丽丝夫妻的生活方式没有受到消费社会传媒力量的影响，他们固执地坚守着自己的生活方式，因此他们成为消费社会传媒力量攻不破的堡垒，演化成消费文化失败的象征，大众传媒必然使他们这种生活方式成为反面形象的代表，使消费者对有可能造成这种生活方式的任何方面小心翼翼，并最终从心理上产生一种厌恶和恶心的感觉。

在过去享乐是精神堕落的象征，而今天的享乐道德观则使个人为没有最大限度的享乐而感到羞愧，更成为个人自信心下降的重要原因。享乐完成了自身的"去道德化"过程，不再被视为精神完善的反面，代表一种全新的生活方式，"消费者总是怕'错过'什么，怕'错过'任何一种享受。……这里起作用的不再是欲望，甚至也不是'品味'或特殊爱好，而是被一种扩散了的牵挂挑动起来的普遍好奇——这便是'娱乐道德'，其中充满了自娱的绝对命令，即深入开发能使自我兴奋、享受、满意的一切可能性"。①享乐已成为一种义务约束机制，在享乐主义的世界中人们过上期望中的生活，不再信奉"延期补偿"，即对欲望满足的抑制，竭力提倡一种追求享乐和及时行乐的生活方式。清教徒式的生活方式已经没落，取而代之的是更具享乐主义色彩的生活方式，这种变化表现为很多年以前，讲道德的人会在攒足钱之后才去购买东西，人们害怕透支，现在，"享乐道德观"提倡游玩、娱乐、炫耀和快乐，使人们认为自己应该纵情享乐，不再压抑自己的欲望，对所有的消费品大胆出手，毫无顾虑地提前消费。

第三节　"享乐"与幸福

费瑟斯通指出："消费文化告诫人们抛弃早已习惯的节俭、勤劳和克

---

① ［法］让·波德里亚：《消费社会》，刘成富等译，南京大学出版社 2006 年版，第 51 页。

制的生活艺术，'教育'学习一种全新的话语——它是以激发需求和欲望的享乐主义的生活格调为核心的"。①消费社会越来越强调享乐的重要性，确立了感官享受的正当性，新的价值观日益替代旧的处世原则，成为我们这个时代的精神坐标。在消费社会中，传统的价值和道德观念逐渐隐退了，欲望与享乐成为个体迈向自治的起点，允许内心欲望蓬勃发展，正是在这样的社会语境中，享乐主义获得了合法性的存在地位，享乐被理解成幸福，世俗的享乐取代了精神的升华。

消费社会鼓吹享乐主义和游戏人生的道德观，人们被教育拥有商品是一种享乐，而消费商品的目的就是为了最终抛弃它，这是因为消费文化需要一个更有力的，首先是更善变的刺激，使日益加速的消费需求符合日益增加的消费供给。鲍曼认为娱乐是从开发生产劳动那里榨取利润的主要来源，消费社会实现了"快乐原则"的解放。②按丹尼尔·贝尔的解释，"宗教冲动力"和"经济冲动力"二者共同创造了资本主义，但随着"宗教冲动力"的消失，"经济冲动力"失去了轨道，肆无忌惮，"享乐主义"风气出现了。③

费瑟斯通指出，消费社会依靠电影、电视及广告助长了一种快乐、轻松、狂喜的享乐浪潮，享乐被提升到涉及幸福生活的高度，甚至于享乐与幸福混为一谈。幸福是一种体验问题，具有不精确和不明确性，消费文化正是利用了幸福的这一特性，随意塑造着幸福的生活方式。鲍曼指出："由于它的模糊性，幸福观为不同生活方式的支持者和反对者开展斗争和协商提供了一个舞台；正是由于这些不同的生活方式，个体生活才能够被设计出来，共同的生活方式才得到反复的讨论和协商。"④

在绝大多数的人类历史中，幸福是对个人最高的和最令人珍视的奖赏，节制地分配给正义之士，然而这一切从18世纪开始改变了：

---

① Mike Featherstone, "The Body in Consumer Culture" in *Theory, Culture & Society*, 1, 2, 1982.

② 参见［英］齐格蒙特·鲍曼《被围困的社会》，郇建立译，江苏人民出版社2005年版，第192页。

③ 参见［美］丹尼尔·贝尔《资本主义文化矛盾》，赵一凡等译，三联书店2003年版，第30页。

④ ［英］齐格蒙特·鲍曼：《被围困的社会》，郇建立译，江苏人民出版社2005年版，第109页。"

幸福不再是美德或善行的奖励，不再是努力工作和牺牲的结果，即不再是虔诚生活和自我牺牲的加冕。相反，它变成了一种与生俱来的权利，每个人都有权要求它。①

对幸福和更多幸福的期待，使个体把获得幸福作为必然的人生追求目标，同时消费社会不断暗示享乐型生活方式可以让消费者获得更多的幸福感，"现代人满足的源泉和社会理想行为的标准不再是工作劳动本身，而是他们的'生活方式'"。②消费社会宣传的逻辑是幸福等于物质丰盛，如果你的幸福感不够，那是因为你的生活方式达不到享乐的标准，消费社会通过这种方法把追求与获得幸福的途径与消费主义生活方式联系起来。幸福与物质相联系的结果是使消费者对获得享乐型生活方式的欲望不断增强，实际上，鲍曼早已指出：

在追求幸福的进程中，至于什么是值得和不值得关注的，什么是幸福生活所必需的或多余的，所有这些都是一个判断问题。因此，人们有权怀疑，之所以值得拥有一些使生活幸福的物品，不是因为它们是产生幸福所必需的内在潜能，而是因为通过精神操练、意识形态灌输、宣传或广告活动，它们已经变成了欲望的对象。③

在幸福被看成是奖赏的时代，苦难相应的被认为是生活中必然的组成部分，但是当幸福演化成一种权利之后，苦难成为不可饶恕的罪行，人们不愿生活中残留任何痛苦。消费社会引导消费者模糊了幸福与享乐之间的界限，因此对幸福的追求成了对享乐型生活方式的追求。"这就是消费造成的失落感所带来的动力：通过购买东西获得满足，但马上又不

① ［英］齐格蒙特·鲍曼：《被围困的社会》，郇建立译，江苏人民出版社2005年版，第125页。

② ［美］丹尼尔·贝尔：《资本主义文化矛盾》，赵一凡等译，三联书店2003年版，第34页。

③ ［英］齐格蒙特·鲍曼：《被围困的社会》，郇建立译，江苏人民出版社2005年版，第108页。

甘满足，又形成新的欲望"。① 所以，消费者通过追求享乐型生活方式来追求幸福，最终得到的只会是焦虑，一种对幸福可望而不可即的焦虑。因为从本质上讲，消费社会不希望消费者对任何商品保持长期的欲望，它要做的最主要的事情就是防止欲望生根，在欲望得到满足之后马上被新的欲望所取代。

费瑟斯通指出，消费社会宣扬经过组装、供人"消费"的生活方式，广告针对潜在的消费者，宣传可以随心所欲购买一切美好生活的哲理，因此，有能力购买的人是可亲可爱的。而他没有指出的一点是，消费社会假设所有的人都已经过上了一种富裕的生活，贫民及其生活方式根本就不会出现在广告中。对此，马克思早就提道："国民经济学不知道有失业的工人，即处于这种劳动关系之外的劳动人。小偷、骗子、乞丐，失业的、快饿死的、贫穷的和犯罪的劳动人，都是些在国民经济学看来并不存在，而只在其他人眼中，在医生、法官、掘墓者、乞丐管理人等等的眼中才存在的人物；他们是一些在国民经济学领域之外的幽灵"。②在资本主义社会，广告毫不掩饰对富人的喜爱，对穷人则视而不见。"通常，广告信息较为含蓄，比方说，假若你有购买这件商品的能力，你就会讨人喜欢，如果你买不起，你就不那么可爱了"。③

因此，对享乐型生活方式的追求成为消费者的权利和义务，从另一方面来说，享乐型生活方式逐渐支配个人的私生活，对其他生活方式的选择都意味着脱离追求幸福的行列，象征着生活水平不达标，因此对享乐型生活方式的追求成为一种强制性的行为，这代表着消费社会控制性和一致性的增强。对此，丹尼尔·贝尔早就指出："事实上五十年代的美国文化已转向享乐主义，它注重游玩、娱乐、炫耀和快乐——并带有典型的美国式强制色彩。"④

传统社会习惯从一个人的工作质量来判断其品质和成就，新教伦理

---

① ［美］李尔斯：《丰裕的寓言：美国广告文化史》，任海龙译，上海人民出版社2004年版，第26页。

② 《马克思恩格斯全集》，第3卷，人民出版社2002年版，第282页。

③ ［英］约翰·伯格：《观看之道》，戴行钺译，广西师范大学出版社2005年版，第157页。

④ ［美］丹尼尔·贝尔：《资本主义文化矛盾》，赵一凡等译，三联书店2003年版，第118页。

与清教精神强调工作、节俭和严肃的人生态度，严格规定了人的道德行为和社会责任，在新教伦理与清教精神的影响下，人们的生活方式给予工作和节制特殊的地位和意义。然而"无人（也没有哪一个教派）能够长期不懈地在紧张的狂热中生活下去，尤其当它要求人们维持严峻的纪律，并压抑自己的冲动时，就更显得令人难以忍受"。①另外，从20世纪初开始，文化解放的思潮开始攻击清教传统，其小城镇式的生活方式也受到批判，鼓吹享乐主义、放荡不羁和游戏人生的道德观。可以说，消费社会重新建构了评价个人成就的价值观，而花钱、享乐的能力成为评价个人成就最重要的标准。

费瑟斯通指出，对享乐的急切与渴望同样源于个体意识的高涨，宗教精神使个体相信来世的存在，而近代科学的发展摧毁了宗教存在的现实基础，个体不再相信来世，生命也不再被认为是循环往复的，生命只能存在一次，因此每个人都是独一无二的存在，人们开始失去等待的耐心。"一旦个人将自己的生命从一代代人无尽的生命之流中分离出来，他自己生命的长短便成为他享有的尘世欢乐的尺度。他个人也将力图尽可能多地体验不同的生活模式。"②因此，每个人都想最大限度地享乐，把享受和满足视为一种人生事业，并且对一切潜在的享受进行系统开发来实现存在之最大化。

在此意义上，消费者认为享乐型生活方式能够带来幸福，这势必使金钱的多少成为衡量幸福高低的标准。西美尔早就预言这种联系可能带来的后果："人们越来越频繁地在那些无法用货币方式表示出来的事物的特殊价值旁快速掠过。它所带来的报复性后果是一种非常现代的感受：生活的核心与意义从我们的手指间一次次溜走，确定无疑的满足感越来越罕见，所有的努力与活动实际上都没有价值"。③事实上，物质财富的多少并不能决定幸福指数的高低："统计证明，生活在20世纪90年代的人们比生活在19世纪末的他们的祖先们平均富裕四倍半，但是他们并没有

---

① ［美］丹尼尔·贝尔：《资本主义文化矛盾》，赵一凡等译，三联书店2003年版，第104页。

② ［德］桑巴特：《奢侈与资本主义》，王燕平等译，上海人民出版社2005年版，第134页。

③ ［德］齐奥尔格·西美尔：《时尚的哲学》，费勇等译，文化艺术出版社2001年版，第101页。

比他们的祖先们幸福四倍半。"①

　　在消费社会中，没有得到享乐会让人觉得低人一等，而事实是，除了极少数人之外，金钱的数量总是远远跟不上欲望的更新速度，因此消费者很少不感到沮丧和失望。"'美国式生活方式'成为全球资本市场的引导，具有讽刺意味的是，这种生活方式的出现带有强制性，这种体系出现的基础是巨大的压力"。②享乐型生活方式是建立在欲望得到充分满足基础之上的，这是一种虚假的幸福，在通往幸福的道路上，真正的幸福最大的敌人正是这种虚假的幸福，它蒙蔽了我们心灵的眼睛。

---

　　① ［美］艾伦·杜宁：《多少算够——消费社会与地球未来》，毕聿译，吉林人民出版社1997年版，第6页。

　　② Sue Currell, "Depression and Recovery: Self - Help and America in the 1930s" in David Bell, eds. *Historicizing Lifestyle: mediating taste, consumption and identity from the 1900s to 1970s*. Burlington: Ashgate, 2006, p. 134.

第三章

生活方式与自我认同

身份认同是现实日常生活中不可或缺的内容，社会成员在确定自己身份之后就有了自我确认感，从而与世界相处时就有了确定的方向定位。传统社会中的个体身份是由他们出身的家庭、特定的等级和集团来决定的，因为这些因素都具有较大的稳定性，所以传统社会中的人都拥有确定的个人所属感，个体无须为自己的身份担心，他们只是身份的承担者，对身份危机的感受不是十分深刻。现代性使个体必须承担认同的重担，适应从身份的"承受者"到"责任者"的角色转变，身份认同成为一个主动选择和创造的过程。人们不再是"出身"他们的家庭，正如鲍曼所说："定要变成为一个什么样的人，是现代生活的特征——也只是现代生活的特征。现代性用强制性的社会地位的自主（slf – determination）代替他主（heteronomic determination）"。①

费瑟斯通指出，在消费社会中，身份认同可以通过选择生活方式来实现：

> 在此种语境中，我们希望在稍微不同的意义上使用生活方式的概念，消费文化中风格化和漂亮的私生活形象是建立在个人高消费的基础之上。消费文化生活方式祝贺个人有自由进行选择、购买和消费商品，而这会反映和展示一种风格、个性和自我表达。所以重点不再是简单地被动消费商品，而是应该重新加工，通过仔细地选择商品生产出一种风格化和具有表现性的效果。②

---

① ［英］齐格蒙特·鲍曼：《流动的现代性》，欧阳景根译，上海三联书店2002年版，第48页。

② Mike Featherstone, "Fitness, Body Maintenance and Lifestyle within Consumer Culture" in *Sports et Socites Contemporaines*, 1983（with Mike Hepworth）.

　　在社会发展过程中，有一些建构自我的材料被舍弃了，有一些新的建构自我的材料被加了进来，如家庭、年龄和阶级出身在身份认同中的作用明显下降，而生活方式成为新的建构自我的材料。在消费社会中，每个消费者都有权按照自己的幸福模式来任意选择和取舍合适的生活方式，个体也必须依据自身的身份认同选择一种生活方式。生活方式在个体进行自我建构和身份认同时发挥着重要作用，对某种生活方式的选择同时也是塑造自我和社会认同的活动。可以说，生活方式一方面成为消费者建构自我认同的原材料，另一方面生活方式本身成为身份认同的体现和表达。

　　费瑟斯通指出："通过宣传年轻、漂亮、豪华和奢侈的完美形象，广告使个体感到不满足，并且使个体更多地关注自己的个性、外表、社会关系和生活的风格化。与此同时，提供个体进行自我提高的许多机会。"①因此，认同不再是根据某人的社会地位而赋予的，而是通过消费实践可以选择或建构的对象。消费社会现在提供我们"展示"（play）自我认同的原材料，发展个人生活方式的设计。在消费社会中，工作不再是认同的中心，反而生活方式取而代之成为建构自我认同的中心，生活方式承诺可以使个体地位得到提高：

　　　　个体不应该让生活发生在他们空闲的时间里，而是应该计划和建构一种生活方式用来表达他们的认同并且可以被他人用来当作他们社会价值和个性的标志。②

　　由此可见，在消费文化中，身份认同的建构是通过生活方式的选择来实现的。正如博科克所说："消费文化体现出后现代主义的运动趋势，它意味着生产失去在人们生活、自我认同、他们是谁的中心作用。取代工作角色的是消费，消费从一般意义上对人们家庭的形成、各种性关系、

---

　　① Mike Featherstone, "Fitness, Body Maintenance and Lifestyle", 10 th World Congress of Sociology, Mexico City.

　　② Mike Featherstone and Mike Hepworth, "Midlifestyle of 'George and Lynne': Notes on a Popular Strip" *Theory*, *Culture & Society*, 1, 3, 1983.

闲暇的追求有着更重要的意义"。①

　　费瑟斯通进一步指出，在消费社会中，生活方式被认为是自由选择的过程，这意味着，家庭、汽车、服装、家具和身体本身都成为"交往者"，这些符号能够说明和显示所有者的个性，并借此来提高自身的社会地位，而每个消费者都拥有同样的权利：

　　　　不仅年轻人及富人全神贯注于风格化的生活方式及自我意识的确定，消费文化的大众普及性还暗示着，无论是何种年龄、何种阶级出身，人们都有自我提高、自我表达的权利。这就是所有芸芸众生的世界，他们追求新的、最切近的联系和体验，他们有冒险精神，敢于探索生活的各种选择机会以追求完善，他们都意识到生命只有一次，因此必须努力去享受、体验并加以表达。②

　　在消费社会中，生活方式成为人们提高地位的一种手段与方式，广告宣传这种自我提高的方法，在实践过程中，通过生活方式的选择来进行自我提高确实成为一种可行的办法。我们可以通过具体案例来研究生活方式与自我提高之间的关系。在美国，黑人杂志《乌木》（Ebony）是数一数二的刊物，杂志创办人约翰逊把注意力放在黑人名人身上，"读者学会了名人在服装、汽车、家具、饮料方面的选择，不断地提及名人在家具方面的价格……显示不存在隔离与限制，他们同样拥有一样多的权利"。③它的成功之处在于它并非像其他刊物那样，对黑人较低的社会地位进行抱怨，采取一种悲观消极的态度。与之相反，杂志认为黑人可以提高自身的社会地位，获得与白人相同的尊严与机会，而这一切是通过鼓励黑人选择一种生活方式来实现的，通过消费商品来购买尊严。通过这种方式，《乌木》（Ebony）成为准确定义在美国黑人中什么是中产阶级生活方式的"圣经"，而在现实中，确实有许多黑人做到了这一点，他们通

　　① Bocock, R. *Consumption*. London：Routledge, 1993, pp. 3—4.
　　② ［英］迈克·费瑟斯通：《消费文化与后现代主义》，刘精明译，译林出版社 2000 年版，第 126 页。
　　③ Jason Chambers, "Presenting the Black Middle Class：John H. Johnson and Ebony Magazine" in David Bell, eds. *Historicizing Lifestyle：mediating taste, consumption and identity from the 1900s to 1970s.* Burlington：Ashgate, 2006, p. 61.

过选择不同的生活方式为他们带来的荣誉。因此，在消费社会中，消费商品不仅仅是为了商品的使用价值，而是通过选择一种生活方式，从而提升社会地位。

消费社会以各种各样的方式刺激和开发消费者的需要，在依靠生活方式获得自我身份认同时，时尚发挥了独特的作用，这是因为人们需要借助时尚来肯定自己，时尚成为人们自尊的依托。时尚之所以被大家广泛接受并持续发展，根本原因在于时尚易于模仿，满足了社会调适的需要，但同时它又满足了对差异性、变化、个性的要求，时尚作为一种消费方式代表着生活方式的选择，意味着与相同阶层的联合，同时有利于将个体与他人区分开来。西美尔早已指出："时尚的发展壮大导致的是它自己的死亡，因为它的发展壮大即它的广泛流行抵消了它的独特性"。①因此，为了获得流动的、看得见却抓不住的身份，消费者盲目地追求时尚，这使得通过生活方式获得的认同注定是一种碎片化的认同，在无数的碎片中消费者组装出一种自认为满意的身份认同感。

---

① ［德］齐奥尔格·西美尔：《时尚的哲学》，费勇等译，文化艺术出版社 2001 年版，第77 页。

第四章

健康的生活方式

第一节　健康的重要性

费瑟斯通指出，在消费社会中"健康"成为一个耳熟能详的词，报纸、广告、电视等时刻告诫消费者保持健康的重要性与必要性，以及保持健康的方法与途径。作为身体的一种存在状况，健康何时变得如此重要，消费者何时变得如何热衷于控制自身的健康水平？费瑟斯通认为健康之所以会变得如此重要，是因为："在消费文化中，健康不仅仅是传统观念中锻炼身体的奖赏，而且发展成为提高个人外表的根本方法，而这可以提高自我的可售性，从而给生活方式带来一系列有益的变化。"[①]费瑟斯通同时指出，当代对健康关注的起源至少可以追溯到 19 世纪末，如在维多利亚晚期，对健康的关注主要集中在两方面：公立学校的男生致力于体育和游戏，并且培养自身的品德修养；而基础学校给工人阶级的孩子提供军事训练，用来提高身体素质、纪律，以及工人和军队的效率。

根据费瑟斯通的研究，在过去的二十年里，西方社会经历了对身体健康的空前兴趣，这部分是因为预防医学的发展，并且健康教育在身体运动与预防某些特殊疾病之间建立明确的联系。例如，1976 年，英国健康教育学会在它们发行的小册子《照顾好你自己》中说，如果增强他们的健康状况就会避免患上心脏病、高血压和其他疾病的可能性。同时指出运动能够中止或者减缓身体的衰退、减少压力，从而帮助个体从生活中得到更多，"建立一种更加快乐和更自信的生活"。"政府健康教育宣传机构发现仅仅呼吁更好的健康不足以促使个体参加运动。然而美容好处

---

① Mike Featherstone, "Fitness, Body Maintenance and Lifestyle within Consumer Culture", *Sports et Societes Contemporaines*, *Societe Francaise du Sport*, Paris, 1983 (with M Hepworth).

（特别是一个苗条、有吸引力的形象）的诱惑已经被证明是一个有效的广告信息。"①通过明星生活的示范作用，健康状况发展成为一种生活方式，身体保养在消费社会中成为一种具有本质意义的行为。在此过程中，名人的示范作用不容忽视，"因此，现在所说的健康不仅仅是提高身体的机能，同时在提高外表的意义上有一种化妆用的好处。"②

在名人的影响作用下，健康的概念开始获得一个更为广泛的意义，它开始与生活方式联系在一起。正如费瑟斯通所说：

> 消费文化生产大量有魅力、风格化的人类身体形象，认为化妆、服装和其他风格化的形式能够促使个体进行自我转变。从而，健康变成消费主义生活方式的一个重要特征：个体能够充分享受生活的一个根本来源，同时也是有价值和愉快的休闲方式。在消费文化中，身体表现为生命中一切好处的通道。在一个"关注我的社会（look - at - me - society）"，每天的交往促使男人和女人对自身的外表变得更具自我意识，接受"你如果看起来好就会感觉好（if you look good you feel good）"的哲理。③

在消费文化中，自然的身体只有很小的生存空间，因为自然的身体总是存在诸多瑕疵，身体不再被认为是我们从父母那里继承而来，而是通过自身努力可以获得理想外表的对象。通过分析 20 世纪 70 年代的流行媒体发现，健康和身体保养的信息逐渐呈上升趋势，并且处于消费主义生活方式的中心地位。

健康变得与名人的生活方式联系在一起，漂亮的人总是自恋地照顾和料理好他们自己的身体。商业利益、广告、传媒鼓励普通的男人和女人把健康视为身体保养本质的一部分，能够使他们充分享受消费主义生活方式的益处。④

---

① Mike Featherstone, "Fitness, Body Maintenance and Lifestyle within Consumer Culture", *Sports et Societes Contemporaines*, *Societe Francaise du Sport*, Paris, 1983（with M Hepworth）.

② Ibid.

③ Ibid.

④ Ibid.

　　费瑟斯通敏锐地观察到，尽管健康不可改变地包括辛苦的工作，但它经常被表现为是一个放松和愉快的过程，其中包括永恒的微笑，并且头发没有一丝凌乱。简单地说，在当代的习惯用语中，健康就是乐趣。的确，广告中健身者的脸上都洋溢着一种欢快与自信的微笑，运动的疲惫根本不存在，在当代社会中，运动成为获得健康的关键因素，并且承诺会"看起来好"和"感觉好"。通过这种方式，健康与好的生活联系在一起，有利于充分享受消费主义生活方式的全部益处。因此，在当今消费社会中，健康应该从更为广义的范围来理解，它包括更大范围的科学身体保养、控制卡路里的饮食和休闲服装风格化。"健康表现为一个内部与外部身体的总体概念，（内部身体）保持健康和活力，从而提高（外部身体）个人的外表"。[1]身体最明显的形象是一个能够保养和维修的机器，告诫读者做到像保养汽车一样对其进行照料，"个人被要求对自己的身体和生活方式采取一种更加工具主义的态度。个体的健康不再靠命运遗留，现代的个体必须采取一种更为警醒的态度。"[2]

　　在传统观念中，健康仅仅是游戏和体育运动的副产品，并且传统社会注重培养个人的品质，如勤劳工作、诚实、名誉，在消费社会中，所有这些都让位给个性的培养，如魅力、吸引力和风趣，以及人际交往和自我展示的技巧，而道德的要求被抛弃。费瑟斯通指出，消费社会中的"个体被鼓励通过建构一种生活方式来表达他们的个性"。[3]因此，今天的游戏和体育运动成为具有自我意识的活动，目的是要为了拥有健康从而获得更多的快乐，"保持最佳状态使个体与新的理想目标相匹配，使个人能够享受完全的快乐和感觉，而这一切可以通过培养一种富有表现性的生活方式来实现"。[4]实际上，费瑟斯通还指出："消费文化追求培养一种精确计算的快乐：个体应该保持警醒，如果他要在生活中取得最大的满足就要保存和利用自身的资

---

[1]　Mike Featherstone, "Fitness, Body Maintenance and Lifestyle" 10 th World Congress of Sociology, Mexico City.

[2]　Ibid.

[3]　Mike Featherstone, "Fitness, Body Maintenance and Lifestyle within Consumer Culture", *Sports et Societes Contemporaines*, *Societe Francaise du Sport*, Paris, 1983 (with M Hepworth).

[4]　Ibid.

源"。①所以，消费者对健康的投入决定了他们得到的快乐的多少。

费瑟斯通以一对中年夫妻为例，说明对健康的投入能够全面地影响生活方式，一位四十多岁的家庭主妇通过参加瘦身俱乐部使体重减轻四磅以后，她的生活方式发生惊人的转变：

> 他（她的丈夫）现在惊喜地送我性感内衣。并且他在午餐时间回家……并非是因为食物的质量。有时候我们一起看电视，我能够感觉到他正看着我。我知道他正在想什么，这使我感觉像再一次回到 16 岁……当你感觉到更具吸引力时，你自然变得更加迷人。所以阿伦和我现在去游泳和跳舞，并且想打高尔夫球。这就像开始一种新的生活。②

费瑟斯通分析了健康和其他身体保养与消费主义生活方式相关的几个中心主题：自我提高、更新、年轻、健康、漂亮、活力、性感，同时可以看出消费文化对健康生活方式寄予无限希望。

第二节　健康与享乐

费瑟斯通认为健康生活方式是与享乐联系在一起的，因此健康生活方式必然与性感有关，而消费社会使"性"成为一件畅销商品。费瑟斯通指出："当我们谈及爱情与色情时，通常没有意识到缺席的第三个词汇：性行为，而性行为是人类与其他物种共享的生理特性。"③封建社会严格规定了爱情的对象、时间和地步，爱情是一种奢侈品。从 18 世纪开始，爱情经历了现代化的过程，需要在与陌生人的相遇和交往中决定什么人值得爱，这改变了以前根据阶级、信仰等决定的爱情基础，"没有爱情的婚姻是不道德的"成为公认的真理。如果说在 18 世纪爱情与性行为是结

---

①　Ibid.

②　Mike Featherstone, "Fitness, Body Maintenance and Lifestyle" 10 th World Congress of Sociology, Mexico City.

③　Mike Featherstone, "Love and Eroticism: An Introduction" in *Theory Culture Society*, 1998, 15. 1.

合在一起的话，那么在 20 世纪两者逐渐分离了，爱情不再认为是可信的，而被视为是性行为的借口。"性获得了只为自身存在的合法权利，……为了寻找新鲜和享受的经验"。①

　　当代社会中最好的例子就是公众对男性阳痿新药伟哥的追捧，从 1998 年 3 月伟哥问世以来，已成为历史上销售最快的处方药。这里的关键并非是突然出现了数量众多的阳痿男性，而是伟哥被销售、宣传，尽管医疗机构否认伟哥作为一种春药能够提高人们的性生活——主要是针对男性，但同样针对女性。②

　　费瑟斯通认为，消费社会充分实现了对性的宣传与利用，但是消费社会中的性是一种极度的兴奋的经验，它并非追求一种长期的浪漫关系，而是向往短暂时期中性关系带来的快乐，这种快乐可以借助药物、小器械和训练来获得。

　　费瑟斯通指出："传统观念认为，性欲随着中年的来临逐渐消失，性可能变得缺乏冲动和兴奋，所以现在关注重新恢复'爱的感觉'或者怎样停止'把双方看成理所当然'的办法；用另外的话说就是，积极应对时间给吸引力和亲密关系带来的变化。"③在传统社会中，夫妻之间的婚姻经过二十多年"柴米油盐酱醋"的磨炼之后，双方的激情几乎消失殆尽了，并且由于彼此之间的充分熟悉，性生活的质量开始慢慢下降。传统观念中的性生活应该在黑暗中完成，以繁衍后代为最终目的，性本身带来的快感与愉悦是羞于启齿的。

　　消费社会宣传性行为本身带来的享受，提供各种各样的性技巧与性咨询，中年被重新塑造成性生活重新获得活力的时期，《太阳报》上的漫画"乔治和琳"就是这一观念的最佳体现者。乔治和琳已经进入中年，在他们的观念中，性是生活中最重要的部分之一，他们积极地与习以为

---

① Mike Featherstone, "Love and Eroticism: An Introduction" in *Theory Culture Society*, 1998. 15. 1.

② Ibid.

③ Mike Hepworth and Mike Featherstone, *Surviving Middle Age*, Oxford: Basil Blackwell, 1982, p. 139.

常和厌倦的性生活做斗争，持之以恒地学习新的性爱技巧，使他们的性生活永远保持兴奋和变化。琳在家里一般都是裸体或只穿很少的衣物，她喜欢自己的身体，意识到自身的吸引力和欲望。他们经常进行亲密的烛光晚餐，看起来很甜蜜。乔治和琳打算保持永远的蜜月，并且利用一切机会来使他们的关系重新罗曼蒂克化。①乔治和琳表现了"性永恒"的观点，不因为进入中年就放弃性生活，因此，他们赋予了性生活重要的意义，并借此拥有生命中的快感与愉悦，这也使他们成为享乐主义的英雄人物。

根据费瑟斯通的研究结果，消费社会中的性不仅不代表生育，也不是神圣婚姻中的情感表达，而意味着选择一种享乐型的生活方式。"开启性意味着开启生命，当你的性感受更加敏锐时，你会发现极度的快乐环绕在你周围——并非仅仅在卧室。世界会看起来更加美好。你会更加欣赏美食，你会发现你收听到来自电台的美妙音乐，你会注意到食品店中苹果的新鲜香味。……尝试开启你周围的味道、声音和风景，你会发现你对性行为的愉悦更加敏锐"。②性的作用被提升到一个前所未有的高度，成为一种快乐的源泉，一种自目的活动，更加成为一种生活方式。性能够带来一种全新的生活方式，然而，能够充分享受新的性生活的一个先决条件是拥有健康的身体："这种假设是健康能够给身体带来自信，并且有能力在性生活中更加精力充沛，当然也需要持久，但现在更需要的是精力持久。"③消费社会宣传的哲理是：如果你更健康，那么你就更性感，良好的健康状况与良好的性生活是相辅相成的。因此，拥有柔软和易弯曲身体的人更有机会享受质量好的性生活，他们的性生活能够拥有一系列令人兴奋的变化。

因此，为了能够享受健康生活方式带来的乐趣，年轻、健康和性感的身体是必不可少的基本条件。乔治和琳积极地投入健身的行列，"他们在身体保养方面花费了大量时间，他们保持苗条、运动、散步，并且彼

①　Mike Featherstone and Mike Hepworth, "Midlifestyle of 'George and Lynne': Notes on a Popular Strip", *Theory, Culture & Society*, 1, 3, 1983.

②　Mike Hepworth and Mike Featherstone, *Surviving Middle Age*, Oxford: Basil Blackwell, 1982, pp. 141—142.

③　Ibid. , p. 142.

此按摩、洗澡和修饰对方"。①乔治和琳热爱自己的身体，相信健康的身体能够给生活带来更多的享受与快乐，因此琳每天裸体照射数小时的太阳光，积极参加运动，她不断地希望去掉更多的脂肪，时刻注意自己的体重，从漫画中我们可以看到已经进入中年的琳仍然保持着具有玲珑曲线的动人身材。在消费社会中，追求快乐被提升到道德领域，成为个人自尊自重的表现，因此，乔治和琳对性行为的热衷与对性快感的追求成为令人赞赏的行为。正如费瑟斯通所指出的：

> 在消费文化中性被利用来销售大量的商品，健康与性感之间的联系被加强。今天，健康经常表现为用来提高身体或性的吸引力、性欲和表现能力。运动与性感之间的界限已经被新造词所模糊了，如"exersex"和"sexercise"：性成为运动的一种有用的形式并且运动就是为了性。

另外值得一提的是，"对享乐的强调促进了性解放，事实上，这带来一个新的特征，即女性越来越多地受到这种观念的影响，并且变得具有更强的性需要"。②因此琳并不是仅仅为乔治的性欲而存在的附属品，在此方面她显示出主体性的地位。费瑟斯通的理论没有涉及的一点是，当性感演化成一种生活方式时，消费文化使公众对性带来的快乐的期望不断提高，性不可避免地成为焦虑的源泉，因为性行为从一开始就伴随着预想中必然的结果（也可以说是必然的失败），并且衰老的身体和最终死亡都会给性行为带来种种限制。

---

① Mike Featherstone and Mike Hepworth, "Midlifestyle of ' George and Lynne' : Notes on a Popular Strip"in *Theory, Culture & Society*, 1, 3, 1983.

② Mike Hepworth and Mike Featherstone, *Surviving Middle Age*, Oxford: Basil Blackwell, 1982, p. 142.

第五章

生活方式的平等或不平等

第一节　参与生活方式

消费社会散布一种众生平等的表象，每个人都拥有同样的权利通过生活方式来表达或提高自身。费瑟斯通指出："消费文化坚持的是，健康与活力不应该仅仅是富人和名人的专利，所有努力奋斗的人都可以达到这一点。"①这是一个极富感染力的口号，每个人都能够参与健康的生活方式。"作为现代生活方式中心的健康开始从某些群体，逐渐扩张到以前被认为不适合体育和运动的群体。今天健康的观念具有普遍适应性：没有一个因为性、年龄、种族、收入、工作或残疾而被拒之门外。政府健康宣传机构和商业利益同时强调这一信息。"②而这在以前是不可想象的，因为在 19 世纪以前，体育活动是男性独有的活动，女性被排斥在体育活动、健康和身体保养范围之外，直到 20 世纪初以来，女性才取得参与体育运动的资格。费瑟斯通认为狄奥多尔·泽尔丁的研究结果可以说明这一点：

> 体育在解放女性身体、服装和精神方面的重要性经常受到强调，但是在这一时期只影响到极少部分的女性。在 1893 年，仅仅只是百分之一骑自行车的人是女性；因为她们的数量极少，所以极其引人注目。男性运动社团刚开始时仇视女性运动；从事足球或橄榄球运动的女性，甚至是骑自行车的女性，都被认为是追求极端暴力活动

---

① Mike Featherstone, "Fitness, Body Maintenance and Lifestyle within Consumer Culture" *Sports et Societes Contemporaines*, *Societe Francaise du Sport*, Paris, 1983 (with M Hepworth).

② Ibid.

而吸引报纸对其进行报道。①

　　费瑟斯通认为，这意味着女性进行身体塑造与运动的权利是逐步获得的。第一次世界大战促使女性大规模地走出家庭，进入工厂获得一份工资，从事原先属于男性的工作，这不仅增强了女性的购买力，同时使女性的身体在某种意义上与男性身体获得了平等的地位，这必然要求女性身体素质的提高。"理想中虚弱、精致的女性开始受到挑战，今天漂亮的女性是健康的女性"。②因此，传统理想中脆弱与苍白的女性受到淘汰，健康、有活力的女性成为漂亮的代表，相信如果"林妹妹"生活在当代社会，根本不会符合时代的审美标准。

　　大众媒体和商业利益都发现"容光焕发而且信心十足"的健康理念是一种可大力推广的商品。今天的女性完全获得了运动的权利，她们在健身房积极锻炼，挥汗如雨，消费社会中的女性成为主动的消费者，世人似乎看见女性解放的曙光，女性也自认为能够自主支配自身身体了。女性选择健康生活方式是不是意味着获得了最终的平等？波德里亚警告我们不应该被"被解放了"的身体的物质表现所蒙骗。女性身体受控于性别欲望和商业权力的联合，性别奴役和男性欲望完美地隐藏于对"美"的夸张宣扬中，女性被合法、合理地利用。"由于上帝赋予女性及女性身体为美丽、性欲、指导性自恋的优先载体，因此身体的美学/色情的神话便主要建构在女性基础上。"③

　　在女性健身方面，费瑟斯通认为前面提到琳是新女性的代表，她每天要花大量的时间进行体育锻炼，为了能够拥有健康肤色，她每天花费几小时照射太阳光，可以说琳自由地拥有健身的权利。那么，琳是不是完全自主了呢？费瑟斯通为我们展示出女性选择健康生活方式的最终目的，琳获得健康的直接目的是为了拥有性感的身体，同时也是为了延缓衰老，这本身也无可厚非，但如果我们从历史的角度进行考察时就能发

---

① Theodore Zeldin, *France 1848—1945*: *Taste and Corruption*. Oxford: Oxford University Press, 1980, p. 110.

② Mike Featherstone, "Fitness, Body Maintenance and Lifestyle within Consumer Culture" *Sports et Societes Contemporaines*, *Societe Francaise du Sport*, Paris, 1983（with M Hepworth）.

③ ［法］让·波德里亚：《消费社会》，刘成富等译，南京大学出版社 2006 年版，第 104 页。

现问题。在漫长的历史进程中，女性只有作为男性的欲望对象时才能获得生存空间，因此身体是女性最大的生存资本。新时代的琳同样深深懂得这个道理，她针对男性审美价值，消费各种商品使自身显得更苗条、更迷人、更有诱惑力，"张扬身体并使身体变成一种诱惑的语言"。[①]琳的目的是使自身变成一道景观，渴望丈夫乔治对自身表示认可和赞扬，成为其欲望的对象，获得一个依附性存在的地位。琳没有工作，丈夫乔治提供她生存所需要的一切，她每天要做的就是保养好自己的身体，正如琳在漫画中所说的，乔治是完美的丈夫、情人、亲密的朋友、伴侣、保护者和房主：

> 这暗含的信息是清楚的：世故的女性不需要女性主义，她有效地控制了她的男人、家庭和消费。通过控制自身身体的方式，琳有效地控制了她的男人、房子和消费，乔治优越的工作为她的休闲生活方式提供了经济保证，他为琳的一切购物开支提供支票。[②]

如果说传统的男权社会还需要借助各种权威，以"父之名"对女性身体实行直接的限制和惩罚，那么在当代社会中，对女性身体的控制则借助"女性美"的神话，使女性主动地成为自身身体的控制者，心甘情愿地制造驯服的女性身体。所谓的女性美，当然不能想当然地认为是女人本来就有的东西，而应该理解成是一种根据男性意志创造出来的东西，在文化发展过程中逐渐定形为一种程式化的形象。"女性美"是展现给男性看的，是根据男性的品位和眼光设计出来的美丽话语。女性有权利选择健康的生活方式，同时利用商品对身体的每一个部位进行仔细审查和保养，体验到控制身体和把握自我的快感。同样，女性在不知不觉中陷入了"女性美"的陷阱中，根据其标准约束自己的一举一动，"女性美最终又是一套规范性的、具有规训力的规矩"。[③]

费瑟斯通指出，大众传媒对享乐型生活方式的宣传使人们看起来好

---

① ［法］布尔迪厄：《男性统治》，刘晖译，海天出版社 2002 年版，第 137 页。

② Mike Featherstone and Mike Hepworth, "Midlifestyle of 'George and Lynne': Notes on a Popular Strip" in *Theory, Culture & Society*, 1, 3, 1983.

③ 罗钢等主编：《消费文化读本》，中国社会科学出版社 2003 年版，第 366 页。

像可以生活得更好，也可以比原来更会生活，只要消费者保持一种学习的态度，通过自由自主的选择，就可以使生活发生巨大的改变。与此同时，以节俭为特征的生活方式被当作腐朽、没落的思想受到批判，强调节约、俭朴、自我约束和谴责冲动等的生活方式受到质疑。实际上，大众媒体宣传的生活方式带有一种强制性，教导消费者通过消费各种各样的商品来获得理想的生活，这种生活是建立在富裕的基础之上，它使原来多样化的生活方式趋于同一化，取消了原有生活方式的多样性和丰富性，并且使没有能力进行消费的消费者对自身产生怀疑，实际上限制了人们自由选择自己所喜欢的生活方式的权利。消费社会规定了正常的生活方式的意义，其他生活方式都被划入不正常的生活方式的行列，这意味着消费者唯一能做的就是尽可能多地消费，迅速产生新的欲望，毫不犹豫地抛弃过时的商品，只有能够跟上广告的节奏，才意味着"选择"了一种新的生活方式：一种享乐型生活方式。

第二节　"自由"地选择

费瑟斯通指出，广告极力宣传的消息是消费者能够按照生活规划自由地选择生活方式，毫不犹豫地抛弃陈旧、无趣的生活，选择一种更加激动人心的生活方式，并在新的生活方式之内享受一切，这是消费文化极富魅力的一部分，因为这意味着生活能够更加绚丽多彩和随心所欲。如前面提及的《选择》杂志要求老年人重新认识老年，通过对生活方式的选择度过一个更有活力和自信的晚年。诚然，《选择》中提供的生活方式让人怦然心动，相信阅读过《选择》的老年人都会对自己的生活方式萌生不满，同时《选择》使老年人相信令人羡慕的生活方式最重要的是他们果断做出的选择，它从不提及生活方式由个人的地位、经历、经济、所处的环境等因素决定的事实。

费瑟斯通认为布尔迪厄的《区隔》一书对理解生活方式有着特殊意义，实际上布尔迪厄详细讨论过决定生活方式的场域和资本：

　　那些具有巨额经济资本的人（工业企业家、商业雇主），以商务宴请、外国汽车、拍卖会、高级别墅、网球、滑水、巴黎右岸的商业走廊作为自己的特殊品味。那些拥有很多文化资本的人（高等教育的教师、美术创作者、中学教师）却以左岸的艺术走廊、前卫派的节日、现代节奏、外语、国际象棋、跳蚤市场、巴赫、群山秀峰为自己的品味。那些经济资本和文化资本都很少的人（半熟练、熟练、不熟练工人）则以足球、土豆、普通红酒、观看体育比赛、公共舞会等为自己的品味。①

　　由此可见，虽然消费社会标榜消费者对生活方式的选择是充分自主和自由的，而实际上，对不同生活方式的选择本身就意味着拥有资本的多少，选择何种生活方式与理想中的期望是远远不同的。费瑟斯通以令人警醒的方式提醒我们注意生活方式在选择方面的不平等现象。《选择》中优雅、轻松的生活方式似乎针对所有老年人，确实每个老年人都有权利享受这种生活方式，但并非每个老年人都有能力享受这种权利。如在1993 年 7 月，《选择》提出了"谁做出选择""谁付款"等意味深远的问题，在当今社会中，退休不仅意味着被迫空闲，更重要是没有足够的收入追求消费社会鼓吹的生活方式。"当我们提到退休和老年的双重形象时，不可避免地提出新形象对于社会中大多数人来说，在收入与机会上的不平等问题。"②虽然《选择》的编辑认为他们的任务是为所有退休前和退休后的读者提供信息服务，同时包括社会中的所有读者，并没有刻意对读者进行区分。但从不少的读者来信我们可以发现问题，如《选择》建议老年人形成各自的兴趣爱好，但有一个读者在来信中写道："我的经济情况不允许我沉浸在一些爱好中"，因为消费社会中的爱好都不可避免地建立在商品的基础上，即建立在金钱之上。所以，读者普遍表达了对《选择》方向定位的困惑，感觉仅有一份养老金收入的老年人是没有能力购买杂志宣传的这种生活方式，因此"我猜想你的读者都是拿或打算拿两份养老金的。"③

------

① 转引自［英］迈克·费瑟斯通《消费文化与后现代主义》，刘精明译，译林出版社 2000年版，第 129 页。

② Mike Featherstone and Mike Hepworth，"Images of Positive Aging" in Mike Featherstone，eds. *Images of Aging：Cultural representations of later life*.，Routledge，1995，p. 37.

③ Ibid.，p. 36.

　　我们似乎忘记了一个原本重要的事实：对生活方式的选择本身就是为了进行区分，生活方式本身就是一种象征符号，用来确保社会地位之间的区分，把自身与下层区别开来，同时为了加入某一社会阶层，不同的生活方式成为传达和象征的符号，对不同生活方式的消费是一种投资性的消费。"把重点放在生活方式上并非意味着阶级认同的终结，而是强调消费的重要性，通过生活方式的选择来建构阶级认同"。①广告赋予不同的生活方式群体不同的社会地位，实际上，所有的消费者都参与这种生活方式等级的区分过程，并且无一例外地想进入上层阶级的生活方式中。所以，生活方式本身就体现了阶级差异，消费社会中体现消费者对生活方式的自由选择只是一个表面现象，正如波茨指出的："白天和黄金时间的电视节目反复提供设计建议和教育，很明显地忽视了经济方面的限制。"②而经济方面的限制是显而易见的，根据钱伯斯对黑人的杂志《乌木》（*Ebony*）的研究，杂志把关注的目光投放在黑人中的名人身上，教育读者学习这些名人在服装、汽车、家具和品牌方面的选择，显示出黑人在生活方式选择上的自由，以此来说明并不存在界线，也不存在限制，每个人都有机会成为有水平的鉴赏者，甚至是美国总统。不可否认，《乌木》仅仅关注了"生活中快乐的一面"，这也给杂志本身带来了批判之声。③事实上，普通的黑人是不被提及的，他们没有能力对生活方式进行自由选择，对他们而言，生活方式是不平等的象征符号。

　　在当代社会，生活方式的选择被渲染得异常重要，似乎每个人都能够自由地选择自己喜欢的生活方式，可消费社会极力掩盖的事实是：选择生活方式是富人的权利，穷人的权利则被剥夺了。

　　　　由于生活方式与生活规划相互关联，所以必须首先澄清对它们的可能误解。部分是出于生活方式这个术语已被用于广告和其他促进商品化消费的方面。因此人们就会猜想，它仅指更为富裕的群体

　　①　David Bell, eds. *Historicizing Lifestyle：mediating taste, consumption and identity from the 1900s to 1970s.* Burlington：Ashgate, 2006, p. 1.

　　②　Ibid. p. 68.

　　③　参见 Jason Chambers, "Presenting the Black Middle Class：John H. Johnson and Ebony Magazine" in David Bell, eds. *Historicizing Lifestyle：mediating taste, consumption and identity from the 1900s to 1970s,* Burlington：Ashgate, 2006, p. 56.

或阶级的某种追求。而穷人则多少是被完全排除在对生活方式进行选择的可能性之外的。在某种实质的意义上，这是对的。①

由此可知，虽然鲍曼想承认选择生活方式对一切消费者的可能性，但他也必须承认穷人多少是被完全排除在对生活方式进行选择的可能性之外的。

---

① ［英］安东尼·吉登斯：《现代性与自我认同》，赵旭东译，三联书店 1998 年版，第 6 页。

第五编

消费社会中的完美身体形象

　　人类的存在是以身体为基础的，每个人都拥有一个身体，但长期以来，身体没有进入人们的研究视野。对身体的研究一直局限于生理学、老年病学等领域。实质上，身体是受到高度限制的表达媒介，受到文化的严密控制，从而体现社会的文化模式。因此，身体从来就不是完全自由的，只能以特定的方式活动。在传统社会中，身体被认为是罪恶的容器，为了精神和灵魂的解放，身体的欲望是应该受到压抑的对象，因此身体应该受到灵魂的监督，一直没有获得一个本体性的存在地位。

　　消费文化是一种世俗文化，以张扬而不是禁止欲望为基础，身体的重要性在消费文化中得到了最大限度的凸显，这个时代比任何时代都注重自己的身体。费瑟斯通注意到消费社会中的身体是作为享乐主义的实践和欲望的一个领域而出现的，对身体进行了消费性的符码整理之后，被纳入消费计划和消费目的当中，受到高度的赞美和欣赏。身体的这种消费潜力使消费文化把关注的目光投入身体，重新占有身体，对身体实施精心而巧妙的改造。"消费主义的情况使身体必须尽可能广泛地向包含在这种刺激中的丰富的和越来越丰富的潜在体验以及通过吸收这些体验的能力来衡量身体的适应性开放。"①不可否认，对身体开发与利用是一个漫长的过程。从资本主义发展的早期阶段以来，长期针对身体的话语是纪律、节制、禁欲主义等，宗教观念的衰落使人们以一种更为世俗化的观念看待自我和身体，从而使身体摆脱了精神的压制。

　　费瑟斯通使我们注意到，消费社会强化了人们对于外表的重视，注重通过对于衣着与身体的有意识的修饰从而达到自我的理想表达，激发人们拥有越来越强的对身体的管理意识和自我审视的能力。消费社会推崇一种享乐至上的观点，享乐已成为人生目的的重要组成部分，而享乐总是建立在感官刺激的基础之上。因此，身体被视为快乐的载体也就成为理所当然的结局。费瑟斯通指出消费文化中的身体已经成为时尚的表现

---

　　① ［英］齐格蒙特·鲍曼：《生活在碎片之中：论后现代的道德》，郁建兴等译，学林出版社2002年版，第133页。

场所，它是可塑的、有延展性的，可以改造、变异、强化，身体可以锻造成任意的形象。消费社会促使人们接受新的"教育"，学习这种新的身体观，完美的身体与享乐生活紧密相连。因此，媒体不遗余力地宣传完美身体的重要性，消费社会中充斥着完美的身体影像，完美身体演变成完美生活的保障，同时提醒每个消费者都存在提升的空间。消费社会重新改造了身体，促使精明的享乐主义者把享乐与规训结合在一起，针对身体的话语是对享乐、欲望等方面的强调。在消费文化的宣传下，快乐的身体成为美好生活的标志。

　　费瑟斯通进一步指出消费文化对待身体衰老的策略。人类对衰老有一种本能的恐惧，费瑟斯通清楚地向我们论述了消费文化是一种崇尚年轻的文化，这进一步加剧了人们对衰老的恐惧心理，身体衰老的一切痕迹理应被去除或掩盖，在消费文化的精神氛围中，一种新的中年形象应运而生，消费者学习通过消费商品来延缓衰老的到来，一切能够抵制衰老的商品都无比畅销。

第一章

给身体定位

第一节　作为文化对象的身体

一、重新发现身体

如果有一件事是可以确定的，那就是我们每个人都有一个身体，从某种意义上说，人就是身体。特纳在《身体与社会》开篇就提到，人类有一个显见和突出的现象：他们有身体并且他们是身体。[①]我们做任何一件事情都必须通过我们的身体——如思考、讲话、走路、睡觉、工作时都要用到自身身体。身体是自我存在的肉身基础，可身体又是如此的普遍，以至于我们经常不会意识到自己是一个身体的事实，如我们走路时不会刻意思考是先迈出左脚还是右脚，也不会意识到我们每时每刻都在呼吸。在日常生活中，身体被认为是理所当然的。所以费瑟斯通说身体是我们存在的基础，是我们看与被看的基础，而平时我们一般不会主动意识到有一个身体，只要当身体产生病痛时，我们才会意识到自身有一个身体。[②]与此相同，特纳也指出，我们日常生活中的身体被种种琐事所支配，因此理论家很少认真对待人的身体表现。[③]不可否认，每个人都有身体，不理解身体就会认为身体就是平常看见的手、脸、躯体等，身体"实在体"的存在结果是使我们把身体仅仅当作一个自然的而不是社会的

---

① 参见［英］布莱恩·特纳《身体与社会》，马海良等译，春风文艺出版社2000年版，第54页。

② Mike Featherstone, "Body Images/Body without Images" in *Theory, Culture & Society*, 23 (2—3), 2006.

③ Bryan S. Turner "Aging and Identity: some reflections on the somatization of the self" in Mike Featherstone, ed. *Images of Aging: Cultural representations of later life*, New York: Routledge, 1995, p. 247.

现象来对待，对身体视而不见，使其成为一个不足挂齿的问题，这导致身体失去了研究的合法地位，一提到人存在的肉体性就会立刻浮现出社会达尔文主义、生物还原论或社会生物学等理论。

在身体受到长期忽略以后，理论家重新发现了身体的意义，身体不再仅仅是生物学意义上的身体，而被当成文化建构的对象，身体不是生就的而是造就的。如果身体仅仅是由血肉和骨骼构成的躯体，那么我们对身体的兴趣不会如此之浓，正因为身体是文化建构物，没有任何一种文化会听任身体自然处之，凡是文化，总是要对身体进行约束和塑造，以适应社会经济的、道德的和文化等方面的需求。"在一定程度上，我们怎样意识我们的身体和对身体的感觉怎样，会因生活在不同的社会环境中而改变。"①因此，越来越多的理论家表示出对身体的极大兴趣，认识到身体有自身的历史。在不同的社会环境中，对身体的要求是完全不一样的，但不变的真理是，与环境格格不入的身体、违背社会要求的身体都是对社会规则的破坏和蔑视，因此都有遭到排斥的危险。身体虽然为我们所有，但又外在于我们，每个人的成长过程都必须学习控制身体的能力，以便能够符合社会对身体的要求。因此，身体实质上是文化建构的产物，而从来就不是独立于社会之外的存在物。如当我们要把身体展现在公共空间时，我们都会仔细检查镜子中的身体，按照不同社会的具体要求对其进行修饰，镜子中的自我形象将直接影响我们的自我感觉，从而影响我们与他人的社会交往。可见，身体一方面是自然的生物现象，另一方面是自然与文化之间对话的产物，受到社会和文化的建构，是文化最为直观的载体，同时身体也是解读文化的一个重要途径。

由于种种文化原因，身体长期以来得不到应有的研究地位。直到20世纪80年代以来，身体研究才在人文科学中大规模地兴起，出版了一系列研究身体的专著。如克里·席林的《身体与社会理论》（*Body and Social Theory*）、约翰·奥尼尔的《五种身体》（*Five Bodies*）、特纳的《身体与社会》（*The Body and Society*）等，这些著作以新颖独特的视角研究身体，其理论覆盖了哲学、人类学、社会学等，促使身体很快变成研究的

---

① Sarah Nettleton and Jonathan Watson, *The Body in Everyday Life*, London and New York：Rortledge, 1998. p. 2.

热点问题或展开研究的出发点。1992 年理查德·舒斯特曼（Richard Shus-terman）在《实用主义美学》一书中提出把"身体美学"（somaesthetics）建成一门新学科的想法，另外，1995 年《身体与社会》（*Body & Society*）的创刊，标志着身体社会学（The Sociology of the Body）作为一个明确的研究领域的兴起，身体正式进入了理论家的研究视野，获得了合法式的存在地位。"身体——如此明显、如此突出的一件东西，却被无动于衷地忽略了数百年——已经触及了一种贫血的理性主义话语的边缘，当前正处于变成最伟大偶像的过程中。"①

特纳在《身体与社会》一书中对学术上长期以来忽略身体的现象给出了两点理由。他认为，首先，是因为笛卡尔的理性传统，强调精神与身体相分离、身体从属于精神，以及与此相关的认知理性的主导地位，笛卡尔意识形态使西方文化中理性化的整个过程得以运行。其次，有关人类的生物主义认为人类行为的原因可以从人类生物学角度得到解释，因此社会学对人类身体的研究成了空白之地，"出生、衰老和死亡这些集体的现象已经被历史学和数学人口统计学所垄断，它们为了精确的计算而压制这些事件的道德和社会意义。"②现代社会学正是对生物主义的抛弃，宣称社会行动的意义绝不能归结为生物学或生理学。虽然大规模的身体研究的兴起是比较晚近的事情，但文化对身体的塑造和规训伴随人类社会的始终，不同的文化对身体提出了各不相同的要求。

二、文化对身体的要求

不同的文化都要求身体遵照一定的话语，通过行为准则和道德规范等方式向个体灌输管束身体的法则，以便使其举止得当，掌握自我控制身体的能力。从孩童时代开始，我们就开始学习如何正确站立、行走、说话和吃饭等日常基本动作，以适应社会对自身的要求。对身体进行塑造的过程是个体学习如何在自身身体中生活并怡然自得的过程，优雅得体的身体动作能够展现我们最好的一面，同时使我们对自己的身体感到

---

① ［英］特里·伊格尔顿：《后现代主义的幻象》，华明译，商务印书馆 2000 年版，第 33 页。

② ［英］布莱恩·特纳：《身体与社会》，马海良等译，春风文艺出版社 2000 年版，第 89 页。

安闲自在。反之，如果身体违背了社会的要求，我们则会感到尴尬和不对劲。

埃利亚斯指出，我们认为理所当然的关于身体的现代理解与体验都有着漫长的历史过程，文明的历程实质上是管束身体的历程。从中世纪开始身体就已经是社会身份的载体，传达着有关一个人的社会地位的信息：

> 一个更加稳固的社会等级建立了起来。各种社会出身的人又重新形成了一个新的上流社会，一个新的贵族阶层。这样一来，究竟什么是统一的、好的行为便愈成问题。同时新的上层社会改变了的结构，使其每一个成员都被置于别人和社会的监督之下。这种压力是他们从来没有体验过的。①

埃利亚斯通过对中世纪社交礼仪与就餐行为的研究表明，就餐礼仪等看似习以为常的惯例、规则等身体行为意识是长期形成的，存在一个演化过程。埃利亚斯同时在《文明的进程》中通过对擤鼻涕、吐痰的行为模式的分析，说明现在看起来野蛮的行为在当时可能是"举止得当"和"彬彬有礼"的，随着社会文化的发展，人们的自制力不断地加强，人们开始特别注意"良好的行为"，这同时表明人们互相之间在这方面所施加的压力正在不断增加。"非常清楚的是：作为一种社会监督的方法，这种表面上看起来非常温柔、非常周到的宫廷礼仪指导具有更大的强制性，尤其是当这些话出自一个社会等级高的人之口。用这种方法来训练人们养成一种长期习惯，比诽谤、嘲笑或用体罚作为威胁更加行之有效。"②

人类学家马赛尔·毛斯认为身体是被文化塑造的，文化把身体当作一套实践，个体通过训练、约束之后，生理潜能才能被社会地、集体地应用。他提出了"身体技术"的概念，按照他的理解，这个词"是指人

---

① ［德］诺贝特·埃利亚斯：《文明的进程：文明的社会起源和心理起源的研究》（第一卷），王佩莉译，三联出版社 1998 年版，第 155—156 页。
② 同上书，第 158 页。

们在不同的社会中，根据传统了解使用他们身体的各种方式"。①在毛斯看来，人首要的与最自然的技术对象和技术手段就是他的身体，身体是个体在一种文化中认知和生活必不可少的工具，身体的动作是一种习得方式，而不是一种自然的方式。"在使用人体艺术的所有这些要素中，有关教育的各种事实是决定性的。"②毛斯举毛利女人采用的一种步态为例，毛利女人扭腰的样子在我们眼中是粗俗的，但是毛利人对此非常欣赏，母亲们用这种走路方式训练女儿，当一个小姑娘忘了保持扭腰的平衡时，她的母亲就会对她说：你没有扭腰。③

　　戈夫曼引用戏剧学术语来分析个体在社会交往中，为了在他人心目中产生理想的形象所运用的技巧和方法。在戈夫曼看来，举止是用来表明表演者在特定的情境中希望扮演的角色类型的因素，包括言谈方式、面部表情、躯体姿态等。"某些非存心的姿态通常总是传达了与正在被建立的印象不一致的印象，结果，这些不合时宜的事件获得了共同的象征意义"。④因此，作为一个出色的生活表演者，必须表演出观众期待的角色，在社会中的每一次出场时，每一方的出场人物都应该仔细留意自己的举动，不要给对方留下任何可乘之机。通过社会训导，一种举止面具便从内部固定下来了。根据这种原理，自我经受的羞耻感不可避免地与身体经受的羞耻感联系在一起，戈夫曼通过脸红、流泪等身体行为来说明身体在日常生活的呈现过程，同时认为社会阐释对身体的呈现起到关键作用。

　　对于道格拉斯来说，身体是被社会力量所塑造的，并在《自然的符号》一书中提出有两个身体：物理的身体和社会的身体，并概括了这两个身体之间的关系：

　　　　社会身体制约着我们对物理身体的理解。我们对于身体的物理经验总是支持某一特定的社会观点，它总是被社会范畴所修改，并

---

　　① ［法］马塞尔·毛斯：《社会学与人类学》，佘碧平译，上海译文出版社 2003 年版，第301 页。

　　② 同上书，第 304 页。

　　③ 同上。

　　④ ［美］欧文·戈夫曼：《日常生活中的自我呈现》，黄爱华等译，浙江人民出版社 1989年版，第 51 页。

通过它被了解。在两种身体经验之间，存在着意义的不断转换，这样，任何一种经验都强化着另一种。①

根据道格拉斯的观点，身体是一种有力的象征形式，文化中的主要规则和制度都记录在身体上面，并通过身体得到加强，社会情境将自己加在身体上面，限制身体，使其只能按规定的方式活动，身体受到文化的严密调节。她以笑这个简单的身体动作说明文化对身体的限制，仅仅通过简单的笑的动作也可以看出文化、性别、地位等各方面的差异，因此我们不是随心所欲地笑，而是按照社会规定的方式笑，更是按照社会规定的方式来安排和使用身体。

恩特维斯特尔肯定身体是文化规定的身体，她同时指出社会中的身体都是着衣的身体，身体即使是一丝不挂时，也仍然能够以某种方式被修饰或打扮。在她看来，衣着是人们依据他们日积月累的社会和文化方面的知识而培养的一种技术与实践技能，她以正规场合的衣着要求来说明这一点。正规场合的衣着不仅要正规，还要求谨守清楚的性别界限，如女士穿长袍，男士戴领带，这些场合一定要排除颠倒这种规则而出现易装的可能，性别界限通常要被强制性地清楚说明。②这一方面说明身体很少能够脱离社会限制，从而很少能够无所顾忌地表现自身；另一方面也可以看出身体具有潜在的破坏性，社会文化惯例就是力图将身体转换成某种被认可的东西并且具有某种文化意味。这种观点在布迪厄的作品中得到了进一步的阐释，他认为一个人的成功与失败取决于良好的风度、礼貌和才智的表达，身体成为社会身份的载体，而符合社会规定的身体是一个"习得"过程，并转化成一个人的文化资本。

然而，不管理论家如何用心良苦地提醒我们注意身体是文化塑造的产物，得出文化在身体塑造过程中发挥巨大作用的结论，这一切都是以身体的可塑性为前提的。

---

① Mary Douglas, *Natural Symbols*, Harmondsworth：Penguin Books，1973．p. 93.
② 参见［英］恩特维斯特尔：《时髦的身体》，郜元宝等译，广西师范大学出版社 2005 年版，第 13 页。

第二节　身体的可塑性

一、塑造身体的历程

在福柯之前，我们认为"我们拥有控制我们身体的至高无上的权威"，那么福柯彻底打破了这种观点，使我们认识到身体是权力实践的对象，权力对身体的改造一直是人类社会的主题之一。可以说，人类的历史就是一部身体被操纵、被塑造、被规训的历史，身体受到极其严厉的控制，我们从未完全拥有处理自身身体的权利，不同的社会阶段用不同的方式塑造身体的存在方式，总之身体必须被文化化。这是因为身体具有潜在的破坏性，冒犯社会习俗的身体很容易触犯众怒，从而受到蔑视和排斥，因此合乎时宜的身体是如此重要，以至于每个人都要根据社会习俗对身体进行塑造。社会习俗在潜移默化的过程中对身体打下了特殊的烙印，标明了不同的阶级出身，而高雅的风度、举止和生活习惯是出身名门望族的有效证明，而这一切都是长时间学习的结果。文明程度越高，人们的自制力就越强，对身体的控制也更加全面，人们开始注意得体的行为举止。为了能够在人类社会中生存下来，每个人都必须接受文明的洗礼，通过摆脱身体的自然行为方式，个人获得了社会的认可，有资格成为文明社会中的一员。

福柯的《规训与惩罚》《诊所的诞生》等作品把身体与权力联系在一起，使世人看到权力充盈于身体，权力"最终涉及的总是肉体，即肉体及其力量、它们的可利用性和可驯服性、对它们的安排和征服"。[①]"权力关系直接控制它，干预它，给它打上标记，训练它，折磨它，强迫它完成某些任务、表现某些仪式和发出某些信号。"[②]在人类文明的早期阶段，对身体直接的惩罚是人类社会一道公开的景观，随着权力的形式越来越隐秘，控制身体的权力形式也越来越温和，唯一不变的是权力仍然抓住身体牢牢不放。由此可见，文化对身体的操纵方法无穷无尽，使其能够

---

① ［法］米歇尔·福柯：《规训与惩罚：监狱的诞生》，刘北成等译，三联书店2003年版，第27页。

② 同上。

灵活地适应文化的变迁，重新塑造、设计和改变自身。福柯《规训与惩罚》一书以达米安行刑的场景开始，血腥的场面让人毛骨悚然，其后对身体的控制变得温和、隐蔽：

> 到 18 世纪后期，士兵变成了可以创造出来的事物。用一堆不成形的泥、一个不合格的人体，就可以造出这种所需要的机器。人类身体受制于一个新的施行监禁或统治性的管理体制，体态可以逐渐矫正。一种精心计算的强制力慢慢通过人体的各个部位，控制着人体，使之变得柔韧敏捷。这种强制性不知不觉地变成习惯性动作。总之，人们"改造了农民"，使之具有"军人气派"……为了养成习惯，他们要用这种姿势贴墙站立，脚跟、大腿、腰部和肩部都要触墙，手背也要触墙，当他们伸手时，手不能离开身体甩出来。①

福柯的研究使我们看到肉体的可驯服性，肉体被驾驭、使用、改造和改善，现代社会把控制人体的技术制度化了，曾经以肉体死亡的惩罚被深入灵魂、思想、意志和欲求等惩罚方式所替代。肉体作为一种被规训的目标受制于某种支配技术，除了对身体的直接惩罚之外，与之伴随出现的是一整套技术、方法、知识、描述、方案和数据，使身体服从于权力的操作进而服务于新的社会形态。

我们借助福柯的"眼睛"来考察一下人类社会对身体的塑造历程。在理性与感性之争中，感性的落败使人类历史几千年以来一直高扬着理性的大旗，理性被认为是人的本质，应该用理性来主宰人的一切行为和实践，而感性则是不理智、不确定、鲁莽的代名词，正因为身体代表着感性的一面，所以对于人世间的一切罪恶，身体必然承担不可推卸的责任和罪过。理性的独裁使身体成为精神的累赘，是罪恶的渊薮，哲学、神学、理性和由此形成的各种人生观、价值观、伦理观、意识形态都对身体施以压制、奴役、摧残，强调精神对身体的统治，身体被排斥在真理、道德和审美之外，完全沦落到一种从属地位。社会文化把灵魂建构在身体之上，只要是存在真理、知识的地方

---

① ［法］米歇尔·福柯：《规训与惩罚：监狱的诞生》，刘北成等译，三联书店 2003 年版。

都要对身体进行攻击，这种思想从古希腊的柏拉图开始就已经存在了，身体被视为灵魂通往知识、真理之间的障碍，在《斐多篇》中，柏拉图认为死亡是"灵魂和肉体的分离；处于死的状态就是肉体离开了灵魂而独立存在，灵魂离开了肉体而独立存在"。[①]这应该是一件值得庆幸的事情，因为哲学家应该只关心灵魂，尽可能躲开肉体，而死亡使灵魂终于摆脱了肉体的束缚而得到了解放。

中世纪宗教神学打着上帝的旗号变本加厉地对身体进行疯狂的镇压和迫害，认为世俗的身体只会使个人堕落于人间地狱，身体的各种需要和欲望被视为低级和应该受到压抑的，需要通过克己、苦行、冥想、祈祷、独身、斋戒等手段控制身体。性作为身体获得快感的主要方式之一，更是成为必须克服的放肆本能和肮脏行为，只能通过禁欲和弃绝肉身，脱胎换骨之后才可能看到天国。漫长的宗教史变成身体灾难深重和备受压迫的历史，"在禁欲传统内部，身体被看成是一种具有威胁性的、难以把握的危险现象。它不得不受到文化过程的充分控制和管理，因为身体被看做不驯服的、无法控制的、非理性的激情、情感和欲望的载体和发泄渠道"。[②]因此，此时身体被当成理性的累赘，是对理性的强大诱惑，是一个明显的反面存在物，但不可否认的是，身体在这种意义上获得了醒目的存在地位。然而，从 17 世纪开始，对知识的关注将意识与身体决然划分开来，身体不再受到迫害、警告和谴责，但也使身体不再成为问题，一种巨大的漠视使身体从人们的关注视野中销声匿迹了，身体被彻底遗忘了，这是一种比对身体的直接迫害更为严重的打压。

直到 19 世纪，人类精神对身体的长期压制得到了改变，备受凌辱的身体开始觉醒并进行反抗。叔本华用他的生命意志论试图击垮固若金汤的理性堡垒，狄尔泰从非理性和本能的角度对人的生命和日常生活进行关照与厚爱，而首次明确提出要从身体出发的是尼采。尼采的意义在于他颠覆了人类几千年以来一直信仰的价值观念，他把精神与肉体的位置整个倒转过来，认为精神活动是肉体的派生物，要拯救人类，就要放弃

---

① ［古希腊］柏拉图：《斐多：柏拉图对话录之一》，杨绛译，辽宁人民出版社 2000 年版，第 13 页。

② ［英］布莱恩·特纳：《身体与社会》，马海良等译，春风文艺出版社 2000 年版，第 15—16 页。

对身体的轻视，把身体放在恰如其分的位置上，信仰实在的身体比信仰虚幻的精神更具根本意义。"肉体是一个大的理性，是具有一个意义的多元，一个战争和一个和平，一群家畜和一个牧人。"①尼采同时指出忽略肉体的原因正是因为肉体强大的反抗力量，"我要对轻视肉体者说一句话。正由于他们重视，才使他们轻视"。②

二、塑造身体的意义

身体的可塑性使其"被看作存在的一种可变形式，这种存在形式可以被塑造，并适应于个体的需要和个体的欲望"。③更为重要的是，身体的可塑性使其成为权力的对象和目标，其目的是为了使身体服从、配合权力的动作方式。也就是说，主体的塑造和形成过程是从对身体进行规划甚至教化开始的，这种观点把身体越来越等同于工具，一般是通过学校、工厂和监狱等控制模式，对身体实现一种不间断的、持续的强制管理方式：

> 纪律的历史环境是，当时产生了一种支配人体的技术，其目标不是增加人体的技能，也不是强化对人体的征服，而是要建立一种关系，要通过这种机制本身来使人体在变得更有用时也变得更顺从，或者因更顺从而变得更有用。④

由此可见，身体是在经过一系列的学习之后才熟悉各种外部法则，从而形成一个符合社会文化要求的主体，能够适合文化对其提出的要求，并能够更好地服务于社会的各种目的。

在资本主义社会中，身体仅仅是一个生产性工具，身体的一切需要都是为了使之能够高速而有效的生产，资本主义利用理性制度来管理和控制身体。在资本主义社会中出现的"泰罗制"不仅是一种提高

---

① ［德］尼采：《查拉斯图特拉如是说》，钱春绮译，三联书店2007年版，第31页。
② 同上书，第32页。
③ ［英］布莱恩·特纳：《身体与社会》，马海良等译，春风文艺出版社2000年版，第6页。
④ ［法］米歇尔·福柯：《规训与惩罚：监狱的诞生》，刘北成等译，三联书店2003年版，第156页。

生产效率的生产方法，更是一种管理工人身体的有效方式，工人的一举一动、一言一行都处于资本的严密监控之下，人的肉体因受到生产效率的钳制和幽禁而丧尽生机，肉体在经济效益的压制之下，限制了奔涌于肉体内部的各种活力。因此，在资本主义社会中，为了制造生产性的身体，资产阶级利用秩序、纪律来控制肉体，压抑各种欲望和蓬勃的本能，身体深受各种国家机器、惩罚和规训机器的管制与鞭笞，最终导致他们丧失肉体的自由、精神的独立，变成一部外在于自身的赚钱机器。

身体不仅仅为经济服务，更能够为政治服务。根据黄金麟《历史、身体、国家：近代中国的身体形成（一八九五——一九三七）》一书的观点，身体在近代以来的中国历史上经历了一个非常政治化的过程。众所周知，近代中国的历史是一部屈辱史，丧权辱国的条约使中国的国力一步步后退，面对满目疮痍的社会现状，有识之士掀起一波又一波的改革运动。改革首先在国防、工业、财政等方面进行，一系列的改革都经历了失败与挫折，中国人百年来积弱积怕了，图强心过了头，改革者竟然把改革的目光投注到身体之上，身体成为新的改革焦点，似乎"保国"的希望第一步应该是"强种"。就这样，现代史中的身体与改革、强国等宏大叙事巧妙地联系在一起了。

不同的社会或社会的不同阶段都会给身体施加压力，使身体过渡和转化成为有意义的象征，更好地为社会服务，这一点可以通过具体分析中国妇女缠足的文化意义得到最明显的展现。因为女人的脚小于男人，小脚就成为女性美的重要标志，而儒家文化认为身体受制于父母，不能有所改动，所以不赞成缠足，因此在很长的一段时期内，小脚更多是天生的。缠足始于宫廷，目的是为了增进舞姿的优美，"宋代以后，中国境内的汉族妇女普遍开始缠足，往日的时髦之举便日益堕落为陋俗，成了对天足的摧残。"①缠足在清朝才真正兴盛起来，因为清朝的妇女可能把缠足看成是汉族文化的代表，缠足因此具有反清的文化意义，缠足成为爱国的表现。直到近代"强种"论的兴起，小脚被认为是造成中国羸弱的根源，并与社会兴亡联系在一起，有识之士提出应该废除女性缠足的陋

①　康正果：《身体与情欲》，上海文艺出版社2001年版，第34页。

习。通过缠足这个例子可以看出身体是受到高度限制的表达媒介，不同的历史时期赋予同样的行为不一样的文化取向和意义。

由此可见，不同的文化赋予身体不同的意义，社会变迁同样促使身体发挥出不同的功能，为身体制定不同的规范和要求，而身体的可塑性使其能够适应不同的社会形态，身体成为可供利用的最佳对象。消费文化作为一种世俗性的文化，以享乐主义作为最高的价值标准，它会对身体提出什么新的规范和要求？同时身体又是以怎样的姿态来适应消费文化呢？消费社会自然发现了身体的可驯服性与可利用性，通过消费意识的宣扬，身体获取了超越表象的意义，激发人们用一种特殊的方式来看待自己的身体。消费社会宣传的逻辑是每个人都有进行身体改造的权利，把这种曾经是上层阶级的特权扩张成每个消费者都可以享用的消费领域。

在消费社会中，每一个人都成为自我的销售者，自我形象经过刻意的设计，对身体外观的忽视会受到严厉的惩罚，这刺激人们每时每刻都要完善自我形象，身体越来越成为一个被规划、被塑造的对象。消费文化制造了身体的标准模式，并通过传媒的力量反复强调身体的可塑性，人们可以通过各种技术达到自己想要的、美的外观形象，如果不按照这一标准塑造自己的身体，就会被打上地位低下的烙印。可以说，对身体的利用一直是社会文化的一个必然现象，其目的也是多样的，如为经济、政治等目的，但没有哪一种文化像消费文化这样，把身体放在如此醒目的位置！

第二章

消费社会中的身体

第一节　身体：享乐的载体

一、身体的全新地位

在很长一段时期，我们相信身体只有在服务于更高的精神追求时才有存在的意义，我们很难想象身体在某一天会处于文化的中心。费瑟斯通认为在消费社会中，身体经历了重新定位的过程，身体不再被视为灵魂的通道，而成为一切事物的中心，如果没有身体，现代生活将是毫无意义的。[①]更为重要的是，"在消费文化中，身体被宣称为快乐的载体：它悦人心意而又充满欲望，真真切切的身体越是接近年轻、健康、美丽、结实的理想化形象，它就越具有交换价值。消费文化允许毫无羞耻地展示身体。"[②]在我们所处的文化中，身体是通往生活中一切美好事物的通行证，身体本身已成为一种快感神话，我们不禁要问：身体何以获得如此前所未有的崇高地位呢？

随着福特主义生产方式的出现，批量生产使产品销售的迫切性提上日程，消费的重要性首次高于了生产的重要性，在此背景下，身体作为消费社会中一个美好的工具被重新发现，把身体当作有待开发的矿藏，通过身体实现利益的最大化。正如波德里亚所说：

　　在消费的全套装备中，有一种比其他一切都更美丽、更珍贵、

---

① 参见 Mike Hepworth and Mike Featherstone, *Surviving Middle Age*, Oxford：Basil Blackwell, 1982, p. 112。

② Mike Featherstone, "The Body in Consumer Culture" in *Theory, Culture & Society*, 1, 2, 1982.

更光彩夺目的物品——它比负载了全部内涵的汽车还要负载了更沉重的内涵。这便是身体。在经历了一千年的清教传统之后，对它作为身体和性解放符号的"重新发现"，它（特别是女性身体，应该研究一下这是为什么）在广告、时尚、大众文化中的完全出现——人们给它套上的卫生保健学、营养学、医疗学的光环，时时萦绕心头的对青春、美貌、阳刚/阴柔之气的追求，以及附带的护理、饮食制度、健康实践和包裹着它的快感神话——今天的一切都证明身体变成了救赎物品。在这一心理和意识形态功能中它彻底取代了灵魂。①

　　因为每个人都拥有一个身体，所以身体成为最佳的潜在消费市场，身体的保养和维护能够为商品消费提供广阔的市场，使消费社会有机会实现利润最大化的目标。因此，身体适宜被开发成最佳的消费品，对身体的关注成为消费文化的必然策略之一，这促使当代社会开始产生一种对身体的消费主义态度，同时，消费文化也正是通过身体的商品化将自己推向了巅峰。

　　在前现代生活中，身体是盛满罪恶的容器，被投以可疑、猜忌的目光，禁欲生活恰恰是为了贬低肉体，从而否定享乐，完成精神上的升华。因此，在漫长的历史阶段中，身体作为精神的对立面一直处于被压抑、被隐藏的境地，对身体的关注只因为它是不可缺少的生产和生殖工具，只有当身体是为更高的精神目标服务时才显得重要。因此，身体作为人安身立命的基础，传统社会仅仅注重满足身体的基本需求，对身体没有投入更多的关注。正如鲍曼所说，需要满足的"消费品"的数目在过去的任何时候都是固定的：它既有最小值，又有最大值。一旦"需要"被"满足"，更多的消费就失去了意义。②这一切在消费文化中得到了根本的改变，消费文化操纵身体，只是这种操纵以一种娱乐与享乐主义的原则为指导，"温柔"地开发自身身体。特纳认为，当代对身体的兴趣和理解

---

　　① ［法］让·波德里亚：《消费社会》，刘成富等译，南京大学出版社2006年版，第98—99页。
　　② 参见［英］齐格蒙特·鲍曼：《被围困的社会》，郇建立译，江苏人民出版社2006年版，第172页。

是西方工业社会长期深刻转变的结果。①

　　众所周知，在任何社会形态中，身体本身并未发生根本性改变，只是消费社会敏锐地察觉到身体本身蕴藏着巨大的消费潜力，从而促使人们对身体进行自恋性地投入和戏剧性地关注，把身体演化成最美丽的消费品，因此压抑身体欲望的传统观念变得不合时宜了。经过消费文化的重新定位，身体本身的重要性受到关注，被纳入到消费计划和消费目的之中。与此同时，消费社会热情地塑造着完美身体的形象、价值与意义，身体本身变成了一种符号性的消费品。"消费文化让美的形象四处泛滥，目的是为了激起人们满腔的嫉妒与欲望，而这种煽动只是为了两个目的：赚取财富和维持现状。"②美丽的身体被"圣化"为消费社会中无往不利的符号，其价值越来越高，可以标价出售，如各种媒体中出现的让人眼花缭乱的身体形象：时髦的发式、浓妆艳抹的脸庞、若隐若现的乳沟、平坦的小腹、修长的美腿等，无不刺激着人们的消费欲望。可以毫不夸张地说，身体，尤其是完美的身体已经成为消费社会中最走俏的商品，实现了世俗化身体的狂欢。

　　实际上，在消费社会全方面地利用身体追求经济利益以前，就已经存在从身体中牟取巨大经济利益的迹象。因为追求美是人类的天性，而镜子的作用在于使人能够以最直观的方式仔细审视自身身体，通过镜子人们可以观察到自己身体的各个部位。伯格就曾经说过："镜子的真正作用不是别的。镜子纵容女子成为其同谋，着意把自身当作景观展示。"③因此，人们通过镜子找寻身体的缺点与优点，从而对身体进行各种修饰，在此意义上镜子对获得美丽的身体是至关重要的。正因如此，今天看来非常普通的镜子在问世之初是一件昂贵的物品，根据维加莱洛的研究表明，在19世纪末的大众报纸上出现的卧室镜子，仍然只是能照一张面孔的小挂镜。"1893年带三面镜子的衣柜在'廉价'百货公司竟然卖到六百五十法郎，而一个纺织工人的日薪达不到五法郎，一个办公室女职员的

　　① ［英］布莱恩·特纳：《身体与社会》，马海良等译，春风文艺出版社2000年版，第2页。

　　② ［美］南茜·埃特考夫：《漂亮者生存：关于美貌的科学》，盛海燕等译，中国友谊出版公司2000年版，第7页。

　　③ ［英］约翰·伯格：《观看之道》，戴行钺译，广西师范大学出版社2005年版，第52页。

月薪不到九法郎。最贫困的人除期待提高效率、努力工作之外，无法观察自己的身体。他也许能够打扮自己，但还不能研究自己。"①为了能够清楚地认识自身身体，19世纪的人必须为镜子付出昂贵的代价，但仍然有无数贵妇人为了自身的美丽，愿意付出这样的代价，由此可见对身体美的追求历来可以带来消费的狂热。

　　另外，不得不提到的是桑巴特在《奢侈与资本主义》中的研究结果，在各种奢侈开支中，服装方面的奢侈永远是必不可少的组成部分。"有一次，路易十四穿了一件缀有价值1400万法郎钻石的外套。在一次参观巴黎的花边作坊时，他买了价值22000里弗尔的饰带。法国宫廷在服装方面的奢侈在18世纪进一步扩大，并在大革命爆发前的几年间达到顶峰。"②可以说，身体历来具有可供开发的巨大消费潜力，只是消费社会目标明确的进一步开发和扩展了这种消费潜力。正如费瑟斯通所指出：

　　　　大众媒体和商业利益都发现"容光焕发而且信心十足"的健康理念是一种可大力推广的商品。因此急于想使身体维护保养成为消费者生活方式的组成部分，像《太阳报》和《每日镜报》这样为大众熟知的通俗报纸通过不断发表关于瘦身、运动、健康食品和外在形象的文章将这一信息传达给更广大的读者群体。③

　　消费者被鼓励对自己的身体进行精心照料，市场上出现了数量惊人的关于慢跑、健康食物、锻炼和独特减肥疗法等方面的专家建议的书籍，关于身体保养的自助手册也卖得很好：1981年12月美国最佳图书销售榜上10本书中有4本是关于"如何减少体重"方面的。消费文化告诉消费者每一个缺点都有相应的解决之道，在不断地发现与解决身体缺陷的过程中，消费者拥有更迷人的外表，更重要的是为消费社会开辟出广阔的消费市场。对于这一切，费瑟斯通指出："并不是消费者容易受骗上当，而

---

　　① ［法］维加莱洛：《人体美丽史：文艺复兴—二十世纪》，关虹译，湖南文艺出版社2007年版，第180页。
　　② ［德］维尔纳·桑巴特：《奢侈与资本主义》，王燕平等译，上海人民出版社2005年版，第102页。
　　③ Mike Featherstone, "The Body in Consumer Culture" in *Theory*, *Culture & Society*, 1, 2, 1982.

是广告披上了科学的外衣。"①

在消费社会系统地、大规模地开发身体消费潜力的过程中，媒介的作用不容忽视，正因为新兴的媒介全方位地宣传身体维护的重要性与必要性，鼓励消费者对身体健康和外表进行自我监察和自我提高，才有希望全面实现身体的商品化。

二、媒体的影响

在消费社会中，广告、大众刊物、电视、电影等使得时尚的身体形象广为流传，正如费瑟斯通所说："19 世纪 20 年代，消费文化的建立已颇具规模，这与多种新兴的媒体是密不可分的；电影、耸人听闻的庸俗小报、发行量巨大的各种杂志与广播媒体大肆宣传闲适的生活格调和新的行为规范和准则。"②今天，我们被各种身体影像包围了，完美、性感、年轻的身体形象充斥于消费者的头脑中，这些视觉形象主宰了人们对身体的理解，使世俗化的身体在卧室内外拥有越来越多的展示机会。关于这一点，费瑟斯通写道：

> 在当代西方社会中，这种进程通过强调生理外表而加剧了，消费文化突出重视视觉形象。事实上，经常被评论的是历史上没有任何一个社会通过报纸、杂志、广告和电视中移动的身体形象来生产和散布如此众多的人类身体形象。当我们逛街或闲暇时间，在大城市、建筑物和各种场所中都充满人类身体形象及其复制品。③

媒体宣传的不仅仅是一种世俗的身体形象，更是一种完美的身体形象，从而把对完美身体的追求塑造成消费者的消费目标，使身体不如意的部位变得令人难以忍受。如广告告诉我们完美的头发应该是"如丝般顺滑"，完美的皮肤应该是"白里透红、与众不同"，这使我们对毛糙的

---

①　Mike Featherstone, "The Body in Consumer Culture" in *Theory, Culture & Society*, 1, 2, 1982.

②　Ibid.

③　Mike Featherstone, "The Life Course: Body, Culture and Imagery in the Ageing Process" in S. Wada, ed. *Studies in the Social and Culture Background on Images of Ageing*. Tokyo: Waseda University Press, 1992, p. 98.

头发和松弛的皮肤充满厌恶之情。然而，随着年龄的增长，我们的头发必然将失去光泽，我们的皮肤也必然会失去弹性。费瑟斯通指出，消费社会正是利用这一点，通过媒体的广泛宣传，使身体不再被视为天生的和不可改变的，完美的身体形象被认为是可以通过消费商品获得的，消费者不得不对自己的形象负责。他同时指出："广告对瓦解节俭、忍耐、坚定、克制、节欲等传统价值观念提供了帮助。个人不得不听从劝导并对自己的身体、自我和生活方式持一种批评的态度。"①

消费社会不给自然的身体留下任何生存的空间，广告为身体的每一部分提供了完美的范本和典型，自然的身体在参照了理想化的身体形象之后就变得"不自然"了，因为消费者在对照过程无不发现自身存在的诸多缺点：

> ……文字说明充满斥责意味地将矛头指向某个读着电影画报的速记员，让她强烈意识到自己未经修理的指甲是多么让人难堪……并且，这种说明还驱使某位家庭妇女急切地探视自己镜中的容颜，看看脸上的皱纹是否像广告中年仅 35 岁便显衰老的 X 夫人脸上的皱纹一样——X 夫人脸上爬上皱纹是因为她没有一台"休闲时光"牌的电子清洁器。②

费瑟斯通认为，消费社会创造了一个新的完美世界，使身处其中的消费者感情脆弱，他们不再视身体的不完美为天生的，而将其看成是不自然的，急切地审视自身身体，力图通过改变身体的不完美来不断地改变自己。为了刺激商品的销售业绩，众多的身体形象被生产出来，这些大量存在的视觉形象主宰了消费文化中人们对身体的理解，促使消费者对自身形象永不满足。今天身体美越来越不局限于面部轮廓，而是越来越具有整个身体的全面特征，告诉每个消费者从头到脚都存在提升的空间。"日复一日对自己外貌现状的认识在参照了自己过去的照片以及广告和视觉媒体中随处可见的理想化的人体形象之后就更为清晰。形象需要

---

① Mike Featherstone, "The Body in Consumer Culture" in *Theory*, *Culture & Society*, 1, 2, 1982.

② Ibid.

比较：它们时刻提醒我们今天如何，而明天我们通过努力又将如何。"①费瑟斯通指出在此过程中媒体发挥了重要的作用，广告传递的信息是个体的形象越来越多地依赖他人的观点和态度，而身体外表深深地影响着这一切，从而使个体具有更强的自我意识，更加关注自己的身体和外表。

在身体格外受人关注的电影界，美丽的身体是吸引人的首要因素，身体受到异乎寻常的关注，同时电影更加丰富了身体美的概念。维加莱洛对此的评价是："电影一个很大的独创性就是提高现有的美的标准。"②费瑟斯通同样关注电影对建构新的身体形象的重要性，他认为好莱坞电影有助于创造外表和身体展示的新标准，将"看起来漂亮"的重要性传递给大量观众并使其在人群中生根发芽。明星们光芒四射的生活方式强烈地吸引着银屏前的观众，而这一切都是以明星们美丽的身体为基础的，因此明星带来一个榜样的世界，把美丽身体的重要性普及到大众社会。好莱坞电影帮助个人重视修饰外表，到20世纪30年代末完全打破了禁止女性用人工制品提高自然外貌的禁令，女性的化妆打扮被置于众人看得见的地方。费瑟斯通认为正是好莱坞电影中迷人的身体影像，激发观众关注身体美的热情，开发消费者的爱美欲望，使消费者更加关注外表美丽与否，因此化妆品变得丰富多样了。"新品种的化妆品包括唇膏、身体乳液、洗面奶、发胶和洗涤剂，并且新的掩饰或者去除身体污点的技术被发明了，如假发、电解和美容手术的产生。这些技术的进一步便宜使其扩展到影迷的世界中去。"③

在费瑟斯通看来，好莱坞电影不仅使女性更加关注身体的外表，男性也没有被排除在外。"好莱坞早期主要是把女性当成化妆产业和时尚工业的对象，正如我们所看见的，男性的肥胖也没有逃过批评，尽管男性的服装和风格不像这一时期女性时尚改变得那么彻底，但是对健康不断增加的强调也没有让男性不受改变。"④好莱坞电影同样使男性理想的形象

① 参见 Mike Hepworth and Mike Featherstone, *Surviving Middle Age*, Oxford：Basil Blackwell, 1982, p. 90。

② ［法］维加莱洛：《人体美丽史：文艺复兴—二十世纪》，关虹译，湖南文艺出版社2007年版，第206页。

③ Mike Hepworth and Mike Featherstone, *Surviving Middle Age*, Oxford：Basil Blackwell, 1982, p. 70.

④ Ibid., p. 73.

发生了巨大的改变，促使男性越来越多地关注自身身体的外在形象。费瑟斯通以第一位国际巨星道格拉斯·费厄班克斯为例，说明男性也开始步入关注自身的外表与身体形象的时代洪流之中。

消费社会中的媒体宣传一种身体美的哲学，在身体美与光芒四射的生活方式、事业成功之间画上等号。同时，为了不让这种美使消费者产生遥不可及的感觉，媒体随时随地都在散布一种美的希望，宣传身体的美丽完全不是天生的而是后天获得的，通过消费商品可以达到理想的要求。因此，费瑟斯通指出消费社会最成功的一点是它散布了美的希望，它不仅促使消费者更多地意识到自己身体外表的重要性，认识到随着岁月的流逝，身体外表会出现衰老，同时也使消费者认识到通过使用保健品和积极运动，可以延缓甚至是控制衰老的到来：

> 好莱坞起初就已经迎合了并表现出对"后台"领域的浓厚兴趣，关注影星们的私人生活、美容秘诀、锻炼情况以及饮食控制等等……像电影杂志、银幕、电影剧本、现代银幕、电影这样的一些期刊杂志以及对"影星们的隐私"的宣传让读者有机会改善自己的形象，另一方面，各式广告也在宣称自己有治疗青春痘、胸部过大或过于平坦、肥胖等症的良方秘药。①

媒体的宣传暗示明星们完美的身体并非是可望而不可即的，因为影星们都是通过持之以恒的锻炼才获得成功，并且他们通常都出身低下，如原来是"剧场小女工"的玛莲、"小打字员"的苏茜·韦尔依、"咖啡馆女招待"的琼·克劳馥等，这些近在咫尺的形象产生一种平易近人的感觉。②费瑟斯通以影星费厄班斯为例说明，媒体力图让消费者相信明星们完美的身体是经过人为塑造和积极锻炼得到的。在费厄班斯体态健康、身手矫健的银幕形象背后是不为人知的辛苦锻炼，他每天都要进行摔跤、拳击、奔跑和游泳等多项训练，以此维护身体形象，直到他56岁时死于

---

① Mike Featherstone, "The Body in Consumer Culture" in *Theory, Culture & Society*, 1, 2, 1982.

② 参见［法］维加莱洛《人体美丽史：文艺复兴—二十世纪》，关虹译，湖南文艺出版社2007年版，第212页

突发心脏病。由此可知，消费社会推崇一种改造意识，极力渲染"你也一样可以拥有""您所梦想的身体"来刺激消费者进行消费，这意味着每个消费者只要遵从媒体的宣传就能够拥有完美的身体，面对这种可望又可及的诱惑，消费者无法不激动与雀跃。

完美身体的获得必须付出辛苦的代价，消费文化让健身房、游泳池和各种保持体形的运动器械成为明星生活中的一部分，毫不掩饰明星坚持严格训练的事实。虽然化妆和美容手术可以毫无疑问地提高人的面部外表和掩饰年龄的印记，但是真正年轻的形象离开有规律的运动和明智的饮食是不可能得到的。正如奥尼尔所说："身体是民主社会里的商业美学所利用的一种资源，最引人注意的例子莫过于那些满头大汗、做着弯腰压腿运动、希望拥有一副健美身体的男男女女。（但大多数人是在白费力气，健美身体对他们而言永远是可望而不可求的）"①在此意义上，完美身体带来的享乐与对身体进行的规训联系在一起了。

三、享乐与规训的融合

费瑟斯通明确指出对身体的规训并不是消费社会的一大创新，传统社会同样非常重视身体的锻炼和饮食的控制，比如修道院中苦行的日程安排。只是施行苦行的目的是为了让身体屈从于"更高"的精神追求，通过征服肉体的欲望而解放灵魂，因此身体的享乐是受到严格控制和贬低的。而消费社会明确告诉消费者拥有完美的身体是一个艰辛与痛苦的过程，并且必须有持之以恒和坚决不懈的精神，但能够使消费者更好地享乐。费瑟斯通认为现代消费者在完美身体及其带来的享乐之间进行一种精确换算，他称为是一种"精明的享乐主义者"。费瑟斯通以20世纪20年代的好莱坞女明星玛丽·皮克馥为例，说明她为了得到漂亮的外表是怎样服从于一种严格的身体规训，费瑟斯通清楚地列出了她每天的训练安排和饮食规划：

15 分钟的屈体与伸展活动；

---

① ［美］约翰·奥尼尔：《身体形态：现代社会的五种身体》，张旭春译，春风文艺出版社1999 年版，第 110 页。

　　冷水沐浴（为了使皮肤容光焕发）；

　　每天每隔半小时喝半杯热水（保持胃处于良好的状态）；

　　早餐吃水果或水果汁，一个煮的鸡蛋和干吐司；

　　如果天气好的话就步行去工作室；

　　吃不含糖的清淡午餐；

　　在工作结束时洗一个热水澡，用酒精按摩全身，在冰水中浸泡
20 分钟。①

　　除了这些基本的身体护理之外，玛丽·皮克馥还要进行其他一系列的身体保养工作，她承认这是一个辛苦的工作，但她同时也表示这种付出是完全值得的。费瑟斯通指出："消费文化并不涉及要以享乐主义彻底取代苦行主义的问题，这一转变主要是发生在文化形象的层面上；事实上，这一转变要求个人具有相当强的对追逐快乐进行冷静筹划的能力。"②规训与享乐主义不再被认为是互不相容的，相反，通过常规的身体维护而实现的对身体欲望的征服在消费文化中被认为是成功拥有为人们普遍接受的外表及释放身体表现能力的前提条件。人们对身体的塑造过程不再是被动和强制性的，越来越成为一个个人主动、自愿和快乐的过程，甚至成为个人的一种内心需要和欲望表达。因此在费瑟斯通看来，与传统道德规训身体快感不同的是，消费社会打着享乐主义的口号实施对身体新的规训方式，因为这种新的操纵身体的方式与享乐主义相连，因而更为隐蔽也更具诱惑力，这使得消费者对身体的规训成为一种自主自愿的选择，"今天数以百万的美国人正热火朝天的训练他们的身体，……同时欧洲人也呈现出同样的提高投入的迹象。这种对身体的热爱不但表现在大量的人数上（他们为了身体的改良性改造而热心地从事系统的训练），而且也体现在他们采用的日益增长的五花八门的练习科目上。"③

---

　　① Mike Hepworth and Mike Featherstone, *Surviving Middle Age*, Oxford：Basil Blackwell, 1982, p. 70.

　　② Mike Featherstone, "The Body in Consumer Culture" in *Theory, Culture & Society*, 1, 2, 1982.

　　③ ［美］理查德·舒斯特曼：《生活即审美》，彭锋等译，北京大学出版社 2007 年版，第206 页。

费瑟斯通指出在漫长的历史中，身体的享乐被视为不能接受的对象，在维多利亚时期的卧室里，赤裸的身体不被当作美丽而愉快的，而且性生活只能在黑暗中进行，性生活的快感同样应该受到抛弃。"在基督教神学看来，任何不会导致妇女怀孕的性交行为都是'违背自然的罪过'。快感从性行为中剔除出去，因此，如果丈夫从妻子身上获取性交快感的话，这种行为就被视为通奸。"①消费文化中的享乐主义理想树立了新的性观念，人们对身体的羞耻感最终消失了。费瑟斯通认为在消费文化中，性学专家声称控制饮食和进行锻炼会提高性能力，身体锻炼与性能力两者之间的界限被模糊了，而新造词"性锻炼"（sexercise）和"锻炼性"（exersex）具体表明了社会价值观念的变化。因此，消费者为了能够享受高度的快感，不得不参照性爱手册，采用品种越来越繁多的药片、辅助手段和器械，以此提高身体享受性生活的能力。

在消费社会中，身体的缺陷意味着不能全面地进行享乐，这促使消费者自觉地关注自己的形象，对身体不如意的部位进行重新塑造。费瑟斯通指出，"身体维护"这一名词的出现预示了把身体比喻成机械的观念已经深入人心了，身体像汽车和其他消费品一样，为了保证高效率的运作，身体也需要定时服务、护理和关照，对商品采取的手段性的理性取向也同样适用于内在的身体。②不难理解，消费者通过自己镜子的形象，既是在看自己，同时又在将自己的身体与各种时尚标准进行比较，通过这种自我监视的过程，每个消费者都发现了自身的缺点，从而对身体进行必要的训练，缩小自身身体与完美身体之间的差距。

费瑟斯通论述了从19世纪早期开始，身体的自我呵斥机制就已经有了一种戏剧性的增加，身体成为日常生活中的焦点，消费者不仅把身体视为自我的一部分，而且认为身体是未完成的，可以随时被修改、变化和变形，以此来适应个体的需要和要求。对身体的呵斥并不简单的是为了健康，更重要的是为了感觉好，我们的幸福与自我满足感越来越依附于我们的身体符合当代健康与美的标准的程度。鲍曼对此观点颇为认同，

① ［英］布莱恩·特纳：《身体与社会》，马海良等译，春风文艺出版社2000年版，第71页。

② 参见 Mike Featherstone, "The Body in Consumer Culture" in *Theory*, *Culture & Society*, 1, 2, 1982。

在他看来消费社会挥舞的是"身体感觉良好"的大旗,"健康"有一种或多或少的测量标准,与"健康"相比,"身体感觉不错"则不是固定的,天生不能被准确地加以限定和说明:

> 不像保健,对身体良好感觉的追求,没有任何自然而然的终点……在对良好感觉的贯穿生命始终的追求中,没有休息的时候,对迄今为止的成功的所有庆祝,只是另一轮艰辛劳动前的短暂的休息。这种感觉的追求者确切地知道,他们自己的良好感觉并不够,因而,他们必须继续努力。对这种感觉的追求,处于一种永恒的自我监督、自我谴责和自我否认的状态,因而也是处于一种持续的焦虑和渴望的状态之中。①

就这样,对身体感觉的要求打破了所有规范,毅然放弃每一个已经达到的水准,所以对身体感觉良好的追求是一个持续、没有终点的过程,消费社会正是以此为策略,使消费者对身体的关注与投入永无止境。

消费社会对身体进行了全新的塑造,并且这种塑造更多地内化为个体自主自愿的要求,因此,身体的规训无处不在,并且对身体的约束变得更加全面和细致,甚至成为一种自我监视。但是不能说这种规训强制性和暴力性的特征逐渐消失,只能说控制身体是由个人而不是由宗教来执行,其强制性和暴力性更加隐秘而已。在此,我们可以联系当代社会对女性身体的要求说明这一特征。因为在当代社会中,美即意味着消瘦、轻盈,苗条是大众公认的完美体型和女性的形象资本,因此女性主动地对自身身体进行"训练",而女性无不认为自己与大众传媒上的女性形象相比差距太大,"由此,我们终于明白为什么十年前理想的苗条形象变得越来越瘦,为什么身体极为苗条的妇女仍然把自己看做胖子。"②因为完美身体的获得并非一蹴而就的事,女性必须付出不懈的努力才能达到预期的目标,追求苗条的第一步就是要进行饮食控制,在嘴和胃之间进行艰难的取舍,与自己的身体为敌,实行无异于自虐的节食计划,精确地计

---

① [英]齐格蒙特·鲍曼:《流动的现代性》,欧阳景根译,上海三联书店2002年版,第120页。

② 陶东风等主编:《文化研究》,第3辑,天津社会科学出版社2002年版,第280页。

算卡路里的数量，对身体进行自我监视。苗条时尚愈演愈烈，女性为获得苗条美不惜运用外科手术，如为细腰而去掉一根肋骨，为了扩大目眶而割双眼皮……各种酷刑被女性心甘情愿地实施在自身身体上。"爱美的女人就是这样硬着头皮忍受了对自己的残忍。只有她们自己最知道此中的甘苦与忧乐，我们局外人恐怕很难说清那痛与快混合在一起的滋味。"①也许埃特考夫的观点更能恰当地说明这一问题："肉体的痛苦涉及人的脸面的时候，就根本变得微不足道了。在外人的眼里，我们从最好状态到最坏状态只是变化了那么一点点，而对于我们心灵的眼睛来说，我们形象上的变化真是太大了。"②

由此可知，消费社会中的好公民就必须关心自己的身体，对身体进行精心呵斥和保养，拥有理想中的外表。消费文化表面上实现了对身体的全面解放，但我们必须清醒地意识到身体只是被纳入到消费文化与美学的陷阱之中，对身体规训从外部、强迫的方式演变成自我规训的内在指令，这一切都是因为消费社会宣传的逻辑是完美的身体有着非同寻常的意义，是完美生活的最佳保障。

第二节 消费社会对身体的承诺

一、完美身体的意义

奥尼尔把身体分为生理身体与交往身体两大类，在他看来生理身体对身体的重要性是不言而喻的，而我们更应该关注最基本的交往身体。因为在社会交往中，我们总是根据身体的外表，对他人作出最初的评价和判断，迅速促成我们或者是肯定的、愉快的和信任的感觉，或者是否定的、害怕的和躲避的反应。奥尼尔进一步指出："身体的修饰及其解读代表了某些非常巨大而又普遍存在的力量，正是这些力量造成了一个体

---

① 康正果：《身体与情欲》，上海文艺出版社 2001 年版，第 39 页。

② ［美］南茜·埃特考夫：《漂亮者生存：关于美貌的科学》，盛海燕等译，中国友谊出版公司 2000 年版，第 7 页。

现的社会，也就是由这种日常生活所构成的无穷体现的现实。"①因此，身体从来不仅仅是安身立命的基础，更是一种社会交往符号，身体美历来是受到关注的对象。消费社会赋予身体在建构自我方面的重要意义，身体的外在显现成为自我价值的象征，特别是年轻、性感的身体越来越为现代人所认同，因此没有哪种文化像消费文化这样重视和开发身体的美，千方百计地鼓励消费者包装、美化自己。

无法否认，外表是"肤浅"的，我们很难从中"读出"一个人的道德品质、智力水平和心灵善恶，世人都知道这个简单浅显的道理。但现实生活中的人们对相貌出众的人通常抱有宽容、喜爱的态度，而对于不漂亮者，总是易于做出不客气的评价，人们对漂亮的人期望更高，认为他们应该婚姻更幸福、工作更顺心、生活更舒适，所有的正面意义都更多地赋予长相漂亮的人。消费社会进一步强化了完美身体与快乐之间的联系，并且完美的身体似乎与爱情、浪漫、香车、别墅紧密地联系在一起，成为完美生活的保证。消费者轻易地在身体与生活之间画上等号，通过拥有的身体来想象自己的生活，幻想拥有完美身体可以使生活更完满。因此，在大众传媒中完美的身体影像的影响下，拥有完美的身体成为每个消费者的梦想，是一个人价值的体现，更成为消费社会的强制性命令。

费瑟斯通认为消费社会大力宣传了完美身体的意义，完美身体成为完美生活的保证，因此对身体进行保养有着非同小可的重要性，他进一步指出：

> 自身的维护倚赖于对身体的维护，因为人们所处的文化中身体是通往生活中的一切美好事物的通行证。健康、年轻、美貌、性、身体强壮，这一切都是身体维护能够成就而且保持的人生幸福。从外表可以当成是内在自身的反映的角度来看，忽视身体的直接后果就是降低自己作为一个人的可接受性，也是一个人懒惰、不够自重

---

① ［美］约翰·奥尼尔：《身体形态：现代社会的五种身体》，张旭春译，春风文艺出版社1999年版，第12页。

甚至道德失败的一种标志。①

　　在此意义上，我们就是我们所表现的外表，外貌就是一切，身体被迫处于这种话语的控制之下实现自我提升，而忽视外表的后果无疑是很严重的。通过这种话语的训练，我们追求一种身体良好的感觉，开始担心自己的身体是否有吸引力，从而产生一种不安全感，因为忽视身体的直接后果就是降低自己作为一个人的可接受性。不难理解，为何男性的强壮身体、女性的美丽身体会成为广告的焦点，消费者每天被劝说要对自己的身体充满自我意识：我们不仅要注意自己的身体是否苗条、干净和没有缺陷，头发是否如丝般顺滑，皮肤是否白里透红，我们还应该注意牙齿是否洁白，口气是否清新，是否适合与他人亲密接触。因为充满吸引力的身体受到赞美和欣赏，所以在过去不长的一段时间里，关于身体保养的自助手册销量惊人。

　　费瑟斯通认为在消费社会中有两种身体，即内部身体与外部身体。在他看来，内在身体与身体的健康和最佳功能状况相联系，而外在身体则指外表和行动以及社会空间中对身体的管制等，并且总结了这两种身体之间存在的关系：

　　　　相对于我们的目标而言，外在身体的外表和努力给人留下的深刻印象是我们尤其感兴趣的。消费文化中，内在身体和外在身体就这样结合在一起：对内在身体实行维护保养的主要目的是要彰显外在身体的外表。②

　　消费社会宣传的身体信仰是"好看＝感觉好＝成功"，所以对身体的内部关注的最大目的只是为了身体的外表，使身体成为关注中心，努力提升身体外表的吸引力。费瑟斯通认为在此意义上，内在身体和外在身体完美地结合在一起了：在内部关注身体的健康，防止疾病和延缓衰老，其目的是为了彰显外在身体的美；在外部关注身体的外观，是努力使身

①　Mike Featherstone，"The Body in Consumer Culture" in *Theory*，*Culture & Society*，1，2，1982.

②　Ibid.

体成为关注的中心，完美地呈现在社会空间中，达到对内部身体关注的目的。

费瑟斯通给我们清楚地指出了在消费社会中，一切都根据外表进行判断的事实，成功的形象要求完美的身体，外形好的人更能吸引他人的注意力，更自信和容易被社会接受，自然拥有更多的机会，更能充分享受消费社会带来的益处和休闲的生活方式。但他没有涉及的一点是，在追求完美身体的过程中，女性的迫切心情远远超过男性，因为"男人的风度基于他身上的潜在力量。假如这种潜力大而可信，他的风度便能惹人注目；假如这种潜力微不足道，他就会变得很不起眼。这种潜在的力量可以是道德的、体格的、气质的、经济的、社会的、性的——但其力量的对象，总是外在的物象。"[1]相较而言，女性更加依赖于形象资本，因此女性对身体的重视程度远远超过男性。从传统社会的角度来看，男权社会中的女性身体是男性的想象空间，更是承载男性欲望的肉身载体，女性身体只有作为男性的欲望对象时才能获得生存空间，因此身体是女性最大的生存资本。"事实上，'她'自己、'她'的身体，是男权社会所认可的、可以流通的女人的惟一资本。"[2]

时代的不断变迁使身体美的标准几经改变，然而拥有完美身体一直是人类的梦想。身体作为大众消费的商品保持最高的商业价值，完美身体更是适合向消费者推销，引导他们把自身定位为热情的现代消费者。因此时尚杂志的封面充斥着明星照，漂亮的面孔和身段被当成商品来消费，而这些照片中更多的是女明星照。伯格敏锐地捕捉到女性对象与男性观看者之间存在一种无声的交流，在他看来媒体中的女性一般都直视镜头，确认男性缺席观看者的存在，"她们的表情难道不是相似得出奇吗？这是女人对她想象中正在注视她的男人刻意展现魅力的表情——尽管她不认识他。她提供自己的女性特质作为他的观看对象。"[3]

二、身体与自我

费瑟斯通认为当代消费社会是把身体当作自我的一部分而加以体验

---

① ［英］约翰·伯格：《观看之道》，戴行钺译，广西师范大学出版社 2005 年版，第 46 页。
② 孟悦、戴锦华：《浮出历史地表》，中国人民大学出版社 2004 年版，第 247 页。
③ ［英］约翰·伯格：《观看之道》，戴行钺译，广西师范大学出版社 2005 年版，第 52 页。

并改造，在他看来，当代消费社会中的文化工业已经形成一个有关身体的产业群，它们强调身体作为自我的体现是未完成的，同时也是需要不断修饰、改变的。在后现代社会中，我们的认同和自我的感觉不是给定的，传统、权威或天启神谕再也没有能力让我们找寻到确定的自我。"自我作为这种工业中新型无产阶级的一个个体而被创造，也从人际间互动的地方性体系里被连根拔起，身份不再由工作兄弟会、邻居、阶级、居住地所构成。这样一个新的自我，援引捷克小说家米兰·昆德拉的话语，就是带着生命中不可承受之轻，像一片听话的羽毛一样，随跨国竞争的风向而漂移。"①因此在城市生活中，是外表和身体的表现在传达自我，互不熟悉的陌生人彼此相遇时，他们势必根据表情、手势等外在因素来判断对方的身份、地位。而"现代社会是一个适合陌生人与陌生人遭遇的空间，陌生人的相遇是一件没有过去的事情，而且多半也是没有将来的事情。"②在此背景中，一种公众形象变得重要了，人们怀着有所回报的希望来努力塑造自身的形象，形成一整套完整的技巧。

　　这就是说，身体不再仅仅是一具臭皮囊，它代表一种生活态度和个体认同，他人据此来判断其社会地位和生存价值，身体更是一种看得见的自我，其外在表现深刻地影响到自我的感觉、自信心的程度。身体与认同从来就不是分开的，这一点可以从贵族阶层对身体外表、仪态等方面的重视中体会到，只是在消费社会中，身体与自我认同之间的联系被强化了，鼓励消费者通过重新改造身体来改造生活。费瑟斯通认为消费社会的逻辑是如果你看起来好，你就感觉好。一个人如何被解读，他的外表十分重要，当代人通过外表来解读他人的身份及藏在表象背后的"真实"，因此我们希望别人看到的总是最佳外表的自己，这又促使我们为了"最佳的印象"而费尽心机努力修饰自己的外表，希望给他人留下一个好印象。因为外表是可以被改变和重塑的，这意味着人们必须控制自己的外表、衣着和行为举止，把这一切当作技巧性的东西来影响别人对自己的认识，现代人"日益被以外在的、表象的、通常看得见的特点来定义的自我认同感所代表，也就是说，从个性、外表、行为以及最重要的风

①　[英]弗雷德·英格利斯：《文化》，韩启群译，南京大学出版社2008年版，第139页。
②　[英]齐格蒙特·鲍曼：《流动的现代性》，欧阳景根译，上海三联书店2002年版，第148页。

格的角度来定义的自我认同感。"①

在费瑟斯通看来，消费社会对外表的重视促使"表演性自我"的出现，特别着重强调外表、展示和增强印象的技巧。②这种新的自我需要通过自我的成功表演来博得观众的认可，得当的装饰和公开的身体逐渐成为个人自我之社会地位的象征，身份成了外部表演中所体现的面貌。费瑟斯通介绍了拉什关于自恋文化的讨论，认为当代出现了一种自恋型人格，其表现特征为：

> 现在越来越明显的自恋型个体可以被描述成："过度的自我意识"、"周期性的对自己的健康担心，害怕衰老与死亡"、"经常寻找衰老的缺点和迹象"、"不容易与他人成为朋友"、"如果其人格视作商品就会试着出卖自身"、"对情感体验充满饥饿感"、"时常为自己对万能和持久青春的幻想所困扰"。③

由此看来，具有自恋型人格的人通常相信自己是出众的、特别的，或者是独一无二的，同时他们期望其他人也这样看待自己。他们常常夸大自我重要性，需要被人关注和羡慕，无止境地沉浸在对成功、权力和美貌的幻想中。拉什在《自恋文化》一书中讨论了这种出现在当代社会中的自恋文化，④随后众多理论家都同意自恋文化出现的事实，弗里德曼认为，"使用自恋这样的概念，没有必要成为弗洛伊德的拥挤者"。⑤广告在培养一种自恋人格方面发挥了不可低估的作用，广告一般都使用"如果……那么……"的句式，并且其主语是永恒不变的"你"，教导消费者以自我为中心。如化妆品欧莱雅的广告词"你值得拥有"，在这里，无数的、普通的"你"都成为独一无二的"你"，值得精心对待和用心呵护。

"自恋"一词源于希腊神话，少年那西斯长得极其俊美，山林女神爱

---

① ［英］西莉亚·卢瑞：《消费文化》，张萍译，南京大学出版社 2003 年版，第 61 页。

② Mike Featherstone, "The Body in Consumer Culture" in *Theory, Culture & Society*, 1, 2, 1982.

③ Ibid.

④ Christopher Lash, *The Culture of Narcissism*, New York: Norton, 1979, p. 76.

⑤ ［美］乔纳森·弗里德曼：《文化认同与全球性过程》，郭建如译，商务印书馆 2003 年版，第 257 页。

轲钟情于他，可惜那西斯坚决地拒绝了她，爱轲因此憔悴而死。复仇女神涅墨西斯惩罚那西斯与自己的水中倒影相恋，那西斯终日对影歊歔，最终也憔悴而死。临床描述的自恋于 1899 年首次被纳克使用，1914 年弗洛伊德在《论自恋》一文中系统地论述了自恋，"指个体像对待性对象（sexual object）一样的对待自体的一种态度（attitude）。自恋者自我欣赏、自我抚摸、自我玩弄，直至获得彻底的满足"。①弗洛伊德认为自恋源于利比多（Libido），在成长过程中应该朝外的利比多返回个体，形成继发性的自恋，也就是病理性的自恋。这些人在爱的选择中，不以他人为模型，而以自我为模型，将理想化的自我作为爱的对象。在正常的情况下，并非所有的自恋都是病态的，因为每个人都或多或少地有着自恋倾向。

消费社会促使消费者随时关注自己的形象，比以往任何历史阶段中的个体更喜欢对镜打扮，有着超出常人的自信心，从而促使自恋人格的大量出现。费瑟斯通认为人们陷入一种自恋般的实行自我管制的形象世界中的表现在于，消费社会对新人格特征的关注取代了 19 世纪对性格的关注。费瑟斯通介绍了沃伦·萨斯曼的研究，说明与人格相关的最常见的词有：公民身份、民主、义务、职业、荣誉、声誉、道德、正直和男人气概。而从 20 世纪 20 年代以后逐渐出现了一组新的、著名的相关形容词：迷人的、极好的、有魅力的、有吸引力的、充满活力的、专横的、有创造力的、统治的、强有力的。②这足以说明自恋成为消费社会中一种普遍的社会心理，每个消费者或多或少地都有自恋的倾向，最典型的代表是红遍网络的芙蓉姐姐，她那粗糙的外表和身段、土气的花衣服、夸张的舞蹈和她自恋表白构成了喜剧的效果。照理说芙蓉姐姐没有走红的潜质，但她以自己的过度自恋满足了大众的自恋心理，如不同的人从她身上看到自己的优点，如比芙蓉姐姐更丰满、更漂亮、更时尚、更优雅等，这从反面表现出消费社会中众多平凡小人物的自恋心理，因此芙蓉姐姐红遍网络，成为我们这个自恋时代自恋演出的最佳诠释者。

---

① ［奥］弗洛伊德：《弗洛伊德文集》，第三卷，车文博主编，长春出版社 2004 年版，第 121 页。

② 参见 Mike Featherstone, "The Body in Consumer Culture" in *Theory, Culture & Society*, 1, 2, 1982。

三、身体引发的焦虑

在费瑟斯通看来，形象带来比较，时刻提醒我们是什么，我们可能怎样并且我们可能会变成怎样。①消费社会的逻辑是每个消费者都可以是美的，通过媒体的宣传使消费者在内心确立一种美的模式，讽刺的是，消费社会确立的是一种只有少数人才能达到的身体美学标准，将这种对理想身体的追求转化为个体的内心需求，因为只有这样，身体才有可能成为一个巨大的消费市场。可是，消费社会总是不断地更新、提高理想身体的标准，消费者永远处于追逐的过程中，因此消费者对理想身体的追求注定是徒劳且沮丧、失望的，其结果是造成消费者对自身身体产生彻底的怀疑，最终的结局是埃文所说的"在自己的身体里生活感到不安"。②

消费文化使女人之间对美的竞逐达到了疯狂的程度。今天，长相平平的妇女总是拿自己的肉身凡躯与那些经过上帝之手精挑细选出来的人间尤物相比。尽管那些模特儿的美是超现实的，但是媒体却硬要把她们说成是人们可以达到的，只要通过辛苦的锻炼和努力，运用适当的化妆品就行。曾几何时，我们只嫉妒我们的邻人，因为他们是我们所知道的全部世界。与邻里相比的结果远不及今天这么难受，因为与邻居相比获胜是一回事，而与世界顶尖级美人相比却是另一回事。③

媒体不断塑造和更新完美身体的标准，而"任何有生命的东西都有潜在的不完美"，④因此理想与现实永远存在一条鸿沟，现实生活中的消费者根本达不到消费文化制定的完美身体的标准。并且由于完美身体标准的不断提升，人们感觉当中的完美体形与现实之间的距离不断地在扩大，因为消费文化使消费者相信不能拥有一个完美的身体即意味着不能拥有完美的生活，促使消费者对自身的身体充满焦虑并处于极度不安之中。

① 参见 Mike Featherstone, *Surviving Middle Age*, Oxford: Basil Blackwell, 1982, p. 5。
② Stuart Ewen, *All Consuming Images*, New York, 1984, p. 182.
③ ［美］南茜·埃特考夫:《漂亮者生存：关于美貌的科学》，盛海燕等译，中国友谊出版公司2000年版，第87页。
④ Stuart Ewen, *All Consuming Images*, New York: Basic Books, 1988, p. 89.

舒斯特曼指出："尽管媒体越来越虚拟，身体却好像变得越来越重要。"①完美的身体确实只是一种媒体创造物，只能够在广告、大众刊物、电视电影等中广为流传，但正是这种完美身体教育消费者对自身身体采用一种批评的态度，时刻注视着自身身体并发现其不完美的地方，与环境格格不入的身体是对社会基本规则的破坏，将冒被排斥的危险，如果身体能够展示我们最好的一面，我们就对自己的身体感到满意和自在，如果身体不能达到理想的要求，我们就会感到难堪和不对劲，身体成为关注的中心。

此外，女性对身体的焦虑心理更加强于男性，这不仅因为"女性比男性更愿意在她们身体的外表上，投射她们的社会身份认同、自尊自重和性征"。②更重要的原因在于，"相貌美是女人最具兑换力的资产。它可以用来换取社会地位，换取金钱，甚至换取爱情。但是这份资产依赖于一具会逐渐衰老的躯体，所以这是一份既可利用又将失去的资产。容颜的美丽，其短暂性是令人无可奈何的事实。"③因此，女性总是不断地观察自己，时刻提醒自己注意仪表，以最佳的形象出现在公众场合，常常陷入自恋般的实行自我管制的形象世界而无法自拔，更害怕失去年轻美丽的外表，"美人迟暮"显示出女性失去青春美貌时的凄惨，她们更加热衷于对外表进行保养。相较而言，情况对于男性有着本质上的区别，因为男性可以用其他方面来弥补身体形象上的缺陷。但是，我们也需要注意，随着时代的转变，男性同样越来越关注身体的外表，热衷于时尚、化妆、打扮等方面，对身体的焦虑心理同样波及男性。近年来流行的"粉雄"现象也说明这一点，"粉雄"是跟女性一样注意外表的男性，他们用洗面奶、护肤品，身上随时带着镜子，时刻注意自己的外在形象。有人可能不习惯"粉雄"的表现，但相信随着社会的发展，"粉雄"将成为人数众多的群体。

细心观察就可发现，消费社会中流行的是一种年轻、健康、性感、

---

① ［美］理查德·舒斯特曼：《生活即审美》，彭锋等译，北京大学出版社2007年版，第184页。

② ［美］约翰·费斯克：《理解大众文化》，王晓珏等译，中央编译出版社2006年版，第15页。

③ ［美］南茜·埃特考夫：《漂亮者生存：关于美貌的科学》，盛海燕等译，中国友谊出版公司2000年版，第84页。

美丽的身体形象，衰老的身体成为受歧视和漠视的对象，"我们在一定年纪拥有年轻、健康和漂亮的外表。电视和主导性的视觉媒体总是不断地提醒柔软和优雅的身体、有吸引力的脸上带酒窝的笑靥是快乐的关系因素，甚至是快乐的本质。"① 消费社会的宣传使消费者坚信年轻的身体是获得快乐的根本保证和来源，失去年轻的身体意味着丧失了获得快乐的可能性，在这样的社会氛围中，安心接受衰老成为消极的代名词，消费者无一不想延缓身体的衰老，都想把年轻持续到中年或者更久的时候。广告捉住消费者不愿变老的心理，只要与年轻挂钩的商品就会让无数消费者心动，毫不犹豫地购买。如因为头发是直接暴露在空气中的身体部位，因此成为最容易看出年龄的地方，秃顶、白发成为开始衰老的表现，与传统社会中的中年人毫无异议地接受秃顶、白发的事实相比，当代社会中的中年人费尽心思掩盖秃顶和白发的事实。染发广告"一梳就黑，看上去年轻了二十多岁"的广告词让人怦然心动，消费者都知晓广告夸大其词地宣传产品的目的，但他们内心又希望广告的宣传是确实可信的，能够让他们获得广告宣传的那种效果，因为如果真的能够年轻二十多岁，他们不都重新变成帅小伙儿和俏姑娘吗？另外，像"年轻态、健康品"和"年轻无极限"等广告词，一方面说明了消费者对年轻的渴望与追求心理，另一方面也说明因为人类生活在一具必然失去年轻的身体里，消费者对身体普遍存在的一种焦虑心理。

费瑟斯通敏锐地指出：消费社会虽然总是呈现出美丽、光彩的一面，但是身体自然的衰老与死亡是消费文化不可掩饰、无法抗拒的生命历程，同样成为消费社会神话不攻自破的"穴位"。消费社会使消费者相信任意疏忽大意造成的身体缺陷都是要受到惩罚的，一方面鼓励人们更加努力地在自己身上找寻衰老的征兆和痕迹，另一方面宣传各种各样的商品可以延缓甚至停止衰老的进程，演绎一种"不老的神话"。消费社会如此注重年轻、健康和美丽的价值与意义，注重对身体美的关注、提倡运动的重要作用以及保持身体健康的意义，增加消费者对丧失年轻和活力的恐惧心理，那么消费社会是以怎样的方式对待身体中年，对衰老和死亡进

---

① Mike Featherstone, "Change Images of Middle Age" in M Johnson, ed. *Transitions in Middle and Later Life*, BSG Publication, 1980, p. 58（with Mike Hepworth）.

行否定、摒弃的态度，是采取完全把中年排斥在消费文化之外，还是以新的方式把中年收编进消费文化之中？费瑟斯通系统地研究了消费社会中新的中年形象，并且分析了这种新的形象出现的原因，与传统形象进行了比较，以此说明消费社会是怎样以一种巧妙的方式利用人们对衰老与死亡的恐惧心理。

第三章

消费社会中新的中年形象

第一节　新的潜在市场

一、中年消费市场

费瑟斯通指出：消费社会是一种崇尚外表形象的文化，暗示人们一切都是根据外表进行判断的，外形好的人更能吸引他人的注意力，更自信和容易被社会接受，自然拥有更多的机会，更能充分享受消费社会带来的益处和休闲的生活方式。同时他指出消费文化重新建构了一种新的崇尚年轻、活力的中年形象，与传统的中年形象形成鲜明的对比。20 世纪70 年代以后，大众传媒使一种新的、更加积极和年轻的中年形象成为主导，新的中年是完美生活得到无限延续的象征，而每个人都应该享受身体保养和外貌护理带来的好处。费瑟斯通列举的一个典型例子是 1976 年刊登在《太阳报》上名叫锡德·克罗夫特的一幅照片，我们可以看见照片中这个好看的男人有着黑色卷发、八字胡须、赤裸的胸部和自信的笑容，许多人估计他的年龄在 28—30 岁之间。①事实上，克罗夫特是一个 52 岁，生活在加利佛尼亚的成功的电影制片人，就这样克罗夫特成为消费文化中成功的中年形象的典型代表，他打破了中年即衰老的必然规律，积极地对待生活，同时也从生活中得到更多的回报。

表面上看，新的中年形象出现是因为消费社会是一种崇拜年轻的文化，身体的形象必然是与年轻、健康、美丽等观念联系在一起的，消费社会使消费者相信能够一直拥有年轻与健康的身体是一件非常容易的事

---

① Mike Featherstone, "Images of the New Middle Age" in *British Society of Gerontology Conference*, Oxford：Keeble College, 1979.

情，西方还有一句更让人快慰和充满希望的新谚语，那就是"真正的人生从40岁才算开始"。实质上，消费社会中新的中年形象的出现有着更深层次的原因：中年是一片没有经过开发的具有巨大经济潜力的新市场！为了适应消费文化的逻辑，中年的传统形象必然发生改变。费瑟斯通用1967年英国作家米歇尔·弗雷恩在小说《朝向早晨结束》（*Towards the End of the Morning*）中的一段话总结了这种情况："许多市场仍然没有被触及，……以五十岁的年龄群体而言，最大的赚钱能力，小孩离开了身边，还有十年才退休。他们拥有大量的钱。卖给他们跑车、花里胡哨的靴子——年轻男性的用品。在他们这个年龄有钱买这些物品。"①针对这一情况，费瑟斯通总结了中年市场的出现两大原因：第一，中年的大量出现。随着社会进步、科学技术和医疗事业的发展以及人们生活水平、营养条件的普遍提高，人口的平均寿命明显地延长了，这就意味着将会有更多的人进入中年和老年。"世纪之交，对生命的期望从五十岁提升到今天的六十五至七十岁之间，这意味着我们大多数的人生活在中年。卫生、营养、医疗服务和工作性质的改变（特别是伤害身体的劳动的控制），历史上第一次使健康的中年成为一种大众可能，而不是一种特权。"②第二，中年人购买力的增强。从维多利亚晚期开始，一般家庭的成员由六个减少为仅仅两个，并且"空巢"家庭的出现即孩子长大后离开家庭，使自由的夫妻在中年时拥有更多的相处时间。此时大部分中年人事业有成、子女已长大甚至离开家庭，使他们有充足的金钱与时间进行消费。根据市场的分析，"在美国，50岁以上的人控制着全国可随意使用的一半财富。在加拿大，50岁以上的人控制全国80%的个人收入，75%的存款并且花费28%可随意使用的财富的。"③在当代消费社会中，因为中年人数的增加和购买能力的增强，使中年成为一个巨大的消费市场，需要促使人们形成新的中年观念，以此来开发中年的消费潜力。历史条件的变化使中年这一群体掌握了巨大的购买力，成为一个潜在的消费市场，消费社

---

① 转引自 Mike Featherstone, "Images of the New Middle Age" in British Society of Gerontology Conference, Oxford: Keeble College, 1979。

② Ibid.

③ Kimberly Anne Sawchuk, "From Gloom to boom: Age, Identity and Target Marketing" in Mike Featherstone, ed. *Images of Aging*: *Cultural representations of later life*, New York: Routledge, 1995, p. 175.

会力图重新开辟这片长期被漠视的消费领域。

传统的社会学理论一直忽略身体，因此对衰老的研究一直没有得到重视，衰老的过程作为一个生命过程，一直以来都让位给老年病学、老年医学、社会生物学等，仅仅作为一个次要的特征。①如果按年龄区分，人的一生大致可分为童年、青年、中年、老年四个时期。可以说，一个人一生中 1/4 的时间用来成长，3/4 的时间则是用来变老，即生命成熟之日，就是开始衰老之时，这意味着人一生中大部分的时间都要与衰老做斗争。由此可知，中年在个人生命史上占有特殊的地位，但长期以来，人们更加关注的方面是中年带来的生理衰老迹象即身体背叛，传统的中年充满着顺应与无奈的气息。商业利益需要开发中年市场就必须形成新的中年观念，因此市场打响了与传统的年龄观念进行斗争的持久战，重新树立新的年龄意识，鼓励我们对身体的缺点更具有自我意识，广泛散布年轻、苗条和美丽的新的中年形象，新的年龄意识被发明出来了。

"如果身体繁荣是文化多元的，那么也是年龄多元的。虽然身体繁荣与青年文化和保持年轻的欲望深深联系在一起，但所有的年龄组中都有它的信奉者。在健美中心和整容手术门诊部，年轻人和他们的长辈们一起流汗。"②因为消费社会提倡年轻、贬低衰老，存在延长中年的趋势，现在，中年成为人一生中的黄金时期，按照联合国最新的年龄划分法，65岁才算老年，如果按照这种界定方法，35—65 岁都是处于中年阶段。这意味着人一生中大部分的时间都处于中年，消费社会通过重塑中年形象使中年人更加具有年龄意识。中年不再是充满暮气的年龄阶段，日常生活中充斥着年轻的中年形象，同时消费社会承诺通过使用不同的商品重获年轻，动听的诺言特别能够打动中年消费者，使其积极地投身于身体的维护和保养。费瑟斯通特别提到，"另外需要补充的是这个不断扩张的市场得到了这一事实的支持：战后'婴儿潮'出生的一代现在已经进入了他们的四十岁或五十岁，他们作为同谋者一向对消费市场和文化转变

---

① 参见 Bryan S. Turner "Aging and Identity: some reflections on the somatization of the self" in Mike Featherstone, ed. *Images of Aging: Cultural representations of later life*, New York: Routledge, 1995, p. 247。

② ［美］理查德·舒斯特曼：《生活即审美》，彭锋等译，北京大学出版社 2007 年版，第207—208 页。

有深远的影响力。"①在婴儿潮出生的一代人已经渐渐成长为中年，但他们仍然保持原来的消费习惯，从而使中年消费市场具有旺盛的消费力。

中年有很多种定义方法，但在费瑟斯通看来，最好的一种是我们第一次意识到年龄进程带来的视觉痕迹和时间带来了破坏，因为这对我们所有人都适用。②中年就是由盛而衰的转变期，此时要适应实际年龄带来的外表变化是一件困难的事情，因为我们普遍都会认为自己还很年轻。虽然谚语"你和你感觉的一样大"乐观地指出，如果我们可以在心灵中保持年轻，那么我们的身体就不会衰老。可事实是，乐观的心态可以使衰老的进程变得缓慢，但当到达一定年龄之后，衰老就成为必然的进程。正如特纳所说，我们主观上仍然倾向没有发生改变的年轻的形象，美容手术、饮食和运动可能会延缓衰老，但并不存在医学发明能够阻止衰老。③

因为中年是人一生中开始衰老的时刻，此时中年人的内心充满对青春的怀念和对衰老的恐惧。尽管每个中年人都清楚地意识到衰老的必然性，但渴望年轻是人类永恒的情怀。如果要开发中年市场就必须掌握中年人的心理，知道中年人最需要什么，又最害怕什么，怂恿每个中年人尽量维持年轻的外表，消费文化正是通过中年人对衰老的恐惧心理来开发中年市场，同时促使对衰老的恐惧成为一种弥漫在消费社会中普遍的心理氛围。

二、对衰老的恐惧

消费社会鼓励消费者通过对身体的工业化加工，来改变时间对形象的侵蚀，抹去岁月的痕迹，重塑年轻的面孔。对时间感的消解是消费文化最为成功的地方，通过身体工业中美容整形技术模糊时间的界限，塑

---

① Mike Featherstone, "The Male Menopause: Lay Accounts and theCultural Reconstruction of Midlife" in Sarah Nettleton, eds. *The Body in Everyday Life*, London and New York: Routledge, 1998, p. 280.

② Mike Hepworth and MikeFeatherstone, *Surviving Middle Age*, Oxford: Basil Blackwell, 1982, p. 14.

③ Bryan S. Turner, "Aging and Identity: Some Reflections on the Somatization of the Self" in Mike Featherstone, ed. *Images of Aging: Cultural representations of later life*, New York: Routledge, 1995, p. 249.

造永恒年轻的形象，以此制造出身体超越时间的神话。实质上，消费社会促使人们对衰老的恐惧心理加剧。在前现代社会，衰老被认为是熟悉和理所当然的现象，然而从 19 世纪开始，随着医疗水平的进步，在公众中产生一种乐观心理，使他们更关心健康问题，变得不愿意接受病痛，更热衷于追逐年轻与漂亮。①当代最畅销的一类商品是保健品，这也从一个侧面反映出当代人对衰老的恐惧心理。

人从出生开始就必然走向死亡，随着年龄的增大，身体衰老的痕迹变得显著起来，死亡是不可避免的结局，因此对衰老的恐惧是人类的天性。只是在传统观念中，时间是不能被人所左右的，因此时间的流逝被视为是一件很自然的事情，另外，宗教通过贬低肉体来实现灵魂的升华，死后还存在"天堂"这个美好的世界，生命过程只是肉体受到磨难的过程，因此肉体的衰老与死亡并非是一件可怕的事情。今天，因为技术的进步，精确地掌握和利用时间成为我们最为之骄傲的技能之一，也使我们对待时间的观念发生了根本性的变化。"时间变成了线性的，这就是说，时间在一维的方向上流逝。"②正如费瑟斯通所言，我们把"时间看成是有限的资源，应该尽量的利用它"，"时间就是生命"、"光阴似箭、日月如梭"等惯用语的出现说明我们视时间为生命，而时间总是毫不留情地流逝，我们根本无法阻挡时间的流逝，反而被时间摧毁、破坏的形象折腾得筋疲力尽。③同时，随着宗教救赎功能的丧失，世俗社会成为人类存在的唯一证明，时代精神的转变使衰老与死亡毫不惊讶地成为一件可怕的事情。

在费瑟斯通看来，在一个被物质价值统治的世界，我们格外重视自身的生命。生命仿佛是在单行道上行驶，并且只有一次行驶机会，所以希望永远年轻，年龄带来的变化是不受欢迎的。④对此，特纳总结说，我

---

① 参见 Mike Featherstone, "Images of Ageing" in J Bond, eds. *Ageing in Britain: An Introduction to Social Gerontology*, London: Sage, 1993, p. 115 (with Mike Hepworth)。

② [美] 古德尔、[美] 戈比:《人类思想史中的休闲》，成素梅等译，云南人民出版社 2000 年版，第 142 页。

③ 参见 Mike Hepworth and Mike Featherstone, *Surviving Middle Age*, Oxford: Basil Blackwell, 1982, p. 14。

④ Ibid. , p. 17.

们对时间的意识总是经过时间的意识，我们的记忆也并非一个人的记忆，而是整个人类的记忆，因此人类总是感觉到老化和死亡。人类在此意义上总是留恋过去（nostalgic）的，可以说这种留恋过去是指渴望年轻时特定的身体。所以，我们反抗自身可能会变老的想法，即使我们在时间上已经是老年，在内心也很难形成相应的认同感。[1]埃利斯对此有着最恰当的描述：很难想象我们的身体，如此鲜活并且经常充满快乐感情的身体会变得迟钝、疲劳和笨拙。[2]

　　费瑟斯通指出年龄是进行社会分类最普遍的方法，当向他人描述某人时，我们总是把年龄当成重要的区分标志。所以当我们把中年的标签用在他人身上时，我们不用经过思考，可我们不愿意把其应用到自身，当这个标签被用于自身时，我们会感到很震惊。由此可以看出两点：

　　　　第一，"中年"是一个不受欢迎的词；第二，我们不愿意步入中年，不愿意衰老的迹象发生在自己身上。不管我们多想永远年轻，生老病死的自然规律是我们无法抗拒的事实，当我们变老的时候我们的皮肤会失去弹性，由于面部表情而自然产生的皱纹在我们二十几岁的时候会第一次出现在眼皮下，并且第一道鱼尾纹的痕迹清晰可见。当三十几岁时我们的脸部开始变得松弛。当我们四十、五十、六十、七十岁的时候，皮肤纹路会变得越来越清楚。无论我们多么留恋过去的青春年华，镜子中的形象会告诉我们，那个开始出现白发和皱纹的人就是自己。当他人对我们的生理年龄表示不相信时，我们通常还是会感到很高兴。因此，当别人谈到自己的年龄，最受人欢迎的一句话就是：你看起来一点都不像。[3]

　　由此可知，当我们意识到自身的生命周期已经过了一半，他人关

　　① Bryan S. Turner, "Aging and Identity: some reflections on the somatization of the self" in Mike Featherstone, ed. *Images of Aging: Cultural representations of later life*, New York: Routledge, 1995, p. 251.

　　② 参见 Norbert Elias, *The Loneliness of the Dying*, Oxford: Basil Blackwell, 1985. p. 69。

　　③ Mike Hepworth and Mike Featherstone, *Surviving Middle Age*, Oxford: Basil Blackwell, 1982, p. 17.

注我们外貌的变化时，我们其实已经步入了中年，虽然衰老是众所公认的真理，而中年是衰老的开始，但是每个人都想把年轻延续得更长久一些。因为，我们的身体形象可能反过来会影响我们与他人交往的能力，从而影响他人对我们的反应，所以人们对中年带来的变化充满焦虑，维持身体的年轻成为每个人的义务和责任。"尽管消费社会中认为关于身体保养、健康的紧要性，他们没有提供解决在中年出现的问题的办法。它同样忽略的一个事实是，不管我们多么仔细地保护自己的外表，身体最终都会背叛我们——我们都会变老和死亡。"①

费瑟斯通指出，在我们这个崇尚年轻的社会中，中年带来的身体衰老痕迹对我们变得意义深远，因为它们开启了他人对我们态度改变的可能，他人可能不会再欣赏我们真实的自我，而是通过虚假和不受欢迎的外表来观察我们。②因此，在消费社会的刻意宣传下，外表的改变具有非凡的意义，当代社会中的很多人都认为与自己的内心相比，自己的外表显得太老了，而过老的外表把他们真实的自我掩藏起来。费瑟斯通认为正是消费社会不遗余力地促使我们对衰老的恐惧心理加剧，"如果我们不是生活在一个如此注重形象的社会，相信年龄带来的变化不会如此引人关注"。③消费社会利用完美的身体形象来提高产品的销售量，广告中充满了年轻、健康和漂亮的身体形象，这些身体正在重新建构我们对于身体的理解。时尚、化妆业和身体保养工业把理想的身体当成某种我们通过努力奋斗就可以拥有的东西，身体的改变可以带来生活的改变，这种美好的承诺对我们所有人都是可行的。所以，我们社会对待衰老持两种截然不同的态度："第一，能够延缓衰老的进程，保持年轻外表的人被认为是我们时代的英雄，受人崇敬；第二，不能够保持年轻，呈现老态的身体是个体失败的标志。"④这里宣传的一条简单信息是"如果你看起来好，

① Mike Featherstone, "Images of the New Middle Age" in British Society of Gerontology Conference, Oxford: Keeble College, 1979.

② 参见 Mike Hepworth and Mike Featherstone, *Surviving Middle Age*. Oxford: Basil Blackwell, 1982, p. 17。

③ Ibid. , p. 9.

④ Mike Featherstone, "Post - Bodies, Aging and Virtual Reality" in Mike Featherstone, eds. *Images of Ageing: Cultural Representations of Later Life*, London: Routledge, 1995, p. 230.

那么你就会感觉好"。①

正如费瑟斯通所说，我们社会给予年轻、活力与美丽高度的奖赏。"照相技术的出现是一个根本性的转折，它使衰老的过程成为一个自我监督的过程，照片使个体不仅能看到自己的形象，也能够看到他那一代人的形象，所以我们评价自身衰老过程时不仅根据自己以前的照片，而且根据电影、报纸、杂志提供的同龄人的照片。"②另外，名人为我们提供了抵制衰老的最佳榜样，挑战了身体自然和不可避免地随着年龄衰老的观点，使衰老成为可以进行比较的对象。因此，虽然我们大部分人并非电影明星、社会名流或模特，但身体的保养已成为我们生活中不可缺少的一部分。所以，我们不仅要面对镜子前自己的形象，而且我们不能避免大众传媒中无数的理想形象。"这种社会氛围决定了任何接受年老痕迹：如皱纹、肌肉松弛、中年发福、秃顶等等，都有被理解成不受尊重、不自重甚至是道德失败的危险。"③

波兹曼认为我们这个时代是一个没有儿童的时代，儿童被设计成性感无比的成年形象。他列举了一个香皂广告，在广告中母亲看上去跟女儿一样年轻，或者说女儿看上去跟母亲一样成熟，这已成为人人期待的事，我们的文化正在让童年逐渐消逝。④但是，如果我们反向思考一下，就会发现我们这个时代不仅需要重新思考做一个儿童意味着什么，同时也要思考做一个成人意味着什么：广告中的母亲要与女儿一样年轻，即成人要和儿童一样年轻。因此中年成为要重新定义的对象，在费瑟斯通看来，这意味消费社会重新塑造了新的中年形象，并且摆脱传统中年形象的约束成为主流。

① Mike Featherstone, "The Life Course: Body, Culture and Imagery in the Ageing Process" in SWada, ed. *Studies in the Social and Culture Background on Images of Ageing*. Tokyo: Waseda University Press, 1992, p. 103.

② Bryan S. Turner, "Aging and Identity: Some Reflections on the Somatization of the Self" in Mike Featherstone, ed. *Images of Aging: Cultural representations of later life*, New York: Routledge, 1995, p. 252.

③ Mike Hepworth and Mike Featherstone, *Surviving Middle Age*. Oxford: Basil Blackwell, 1982, p. 6.

④ 参见［美］尼尔·波兹曼《童年的消逝》，吴燕莛译，广西师范大学出版社 2004 年版，第 140 页。

第二节　新的中年形象

一、新旧中年形象的对比

费瑟斯通指出传统社会中的中年人对衰老的种种迹象可以做到视而不见，"衰老看起来是一个自然和不可避免的过程——就像命运一样——是不能通过自我保持精力和试图进行反抗来维持的。"①因此，传统社会的人不会像今天的消费者这样重视外表，变老是一个理所当然的生命进程，外表理所当然地被认为是慢慢衰老的，中年人能够心安理得地接受衰老的迹象，心甘情愿地承受中年带来的精力衰退，很少关心饮食、体重、身体形象、时尚等方面，这也意味着很少有人能够在进入中年时还保持青春、美貌的外表。费瑟斯通指出传统的中年是老年的开始，充满着顺从的气息，中年男性形象大都是秃顶、大肚子，他们的妻子都有水桶腰、突出的背部，不断扩大的啤酒肚和中年速度被看成是"爸爸"与"妈妈"角色的自然伴随物。他们通常渴望平静的生活，除了每年在海边的两周外，兴奋与"生命中最好的时光"已经过去了；爸爸和妈妈期望"一种安详和平静"：安定、舒适的家庭生活、壁炉前的扶手椅、拖鞋和热水瓶。

消费社会中占主导地位的是新的中年形象，对其采取一种鼓励、赞美的态度，而传统的中年形象则成为新的中年形象的反衬，以此突出新的中年形象。正如费瑟斯通所说，"通过强调年轻、苗条和漂亮的形象鼓励我们更加重视身体的不完美。在一个更加丰裕的社会中，新的中年形象变得更加显著。"②费瑟斯通具体以不同年代几则关于中年夫妻的漫画形象地说明新的中年形象的改变和确立的过程。《太阳报》在战后有关于两则中年夫妻的漫画："甘布尔一家"和"安迪·卡普一家"，体现了不同时代对中年的普遍理解。"甘布尔一家"主要描述了一对三十多岁的中产

---

① Mike Featherstone, "Changing Images of Middle Age" in M Johnson (ed.) *Transitions in Middle and Later Life*, BSG Publication, 1980, p. 85 (with M Hepworth).

② Mike Featherstone, "Images of the New Middle Age" in *British Society of Gerontology Conference*, Oxford：Keeble College, 1979.

阶级夫妻，丈夫心安理得地顺从中年速度，他最高兴的事情就是在壁炉旁读报或打盹儿。另外，卡普一个俗气、喝酒、懒惰的工人，他最喜爱的家庭消遣是在长沙发上伸展四肢并且在看电视时用啤酒、香烟来放松自己，他经常享受妻子弗洛里的服侍。这对夫妻丈夫有啤酒肚，妻子则很肥胖，是典型的中年形象的代表。①"安迪和弗洛里"是一则出现在《太阳报》最主要的竞争对手《每日镜报》上的漫画，他们是一对工人阶级的中年夫妻，住在英国北部小镇一所平顶屋里，在那里女人整天穿着围裙并且她们的头发永远都上着发卷，而她们的男人永远是穿戴整齐，戴帽子和围巾。

随后出现的"乔治与琳"是一则每天出现在英国流行报纸《太阳报》上的喜剧漫画，他们同样是一对中年夫妻，这对富裕的已婚夫妻住在河岸一所宽敞的房子里。乔治是一家经济公司的行政总管，琳没有小孩需要照顾，他们有许多朋友、衣服和其他物质财富，享受一种舒适、休闲的生活。与安迪和弗洛里穿戴整齐的形象相比，乔治和琳则是经常性的裸体或半裸体。费瑟斯通指出在乔治和琳的漫画中，身体的裸露是一大创新，他们结实、有吸引力和年轻的身体，成为新的中年形象的典型代表。②

通过几则漫画的比较可以看出，乔治与琳代表消费社会推崇的新的中年形象，认为个体应该积极主动地照顾好自己的身体，从而延长自身能力去享受消费社会生活方式的全部好处。因此，乔治和琳花费大量的时间进行身体保养：他们运动、跑步并且按摩、沐浴和相互进行修饰。在消费社会中，个体被鼓励通过不断地使他们的身体、性生活保持活力来克服年龄进程中的消极影响，从而个体可以延长活力与精力去享受"中年年轻"无止境的好处。

在传统观念中，中年被描绘成不可避免的性能力下降的时期，阳痿和性冷淡成为中年人共同的命运。相反的，当代中年形象充满迷人的性吸引力，而战时好莱坞电影成为这一形象的开拓者。费瑟斯通认为好莱坞的影星和名人们通过运动、节食和化妆获得了年轻的外表，他们证明

---

① Mike Featherstone, "The Midlifestyle of 'George and Lynne': Note on Popular Strip" in *Theory, Culture & Society*, 1, 3, 1983.

② Ibid.

了"年轻的中年"观点的胜利。①在这一点上，明星刘嘉玲、张曼玉、刘德华等成为中年年轻的最佳代表，他们就是不老的神话，成为性感中年的符号性代表，为当代社会中的中年人提供了如何优雅地变老的示范。很多明星毫不掩饰中年的事实，要做大量辛苦的工作来维持有魅力的外表，如每个人都知道张曼玉已年近四十，她为维持年轻的外表付出了巨大的努力。正是通过名人，消费社会建构了一种新的中年形象，而这一精美世界并非是遥不可及的，消费社会同时散布了一种触手可及的希望，让每个消费者相信通过努力都可以获得年轻的中年形象。

> 从而，我们可以看到当代名人中年形象不仅仅是一个普通大众不能参与的理想的展示世界。它同样与众多衰老的人共同分享抵制时间破坏作用的补救方法。在今天的社会中，我们被告知，没有任何必要变得过重、有皱纹、脱发、精力衰退和性能力下降。如果我们照顾好自己的身体并且对衰老的过程采取一种积极的态度，那么我们能够在中年仍然享受年轻的好处。②

"漂亮人"的精美世界与日常生活之间的鸿沟被这样的名人符号性地连接起来，他们显示了年轻的胜利，刺激众多的消费者投入到抵制衰老的行列中，在这场运动中将没有任何一个消费者被遗忘。

消费社会致力于开拓中年市场，促使人们打破中年即身体衰老的传统观念，费瑟斯通指出："一种文化氛围已经形成：接受任何衰老的视觉标志，都要冒被理解成不值得尊重的自我、不自重甚至是道德败坏的标志的危险。在我们这个以年轻为导向的社会中，衰老的可视标志现在都经常被理解成失败的标志，可能使其他人改变对我们的态度。"③身体保养技术提供一种希望，中年不可避免地被重新定义。

---

① 参见 Mike Featherstone, "Images of the New Middle Age" in *British Society of Gerontology Conference*, Oxford: Keeble College, 1979。

② Mike Featherstone, "Images of the New Middle Age" in British Society of Gerontology Conference, Oxford: Keeble College, 1979。

③ Ibid.

二、建构的中年

费瑟斯通认为，"当我们谈到形象时我们主要指的是公众大范围内的形象，包括油画、雕塑、照片、广告、电影、电视、小说和戏剧中的形象。"①为了能够理解当代社会中衰老形象的特性和效果，我们应该选取一种更广阔的历史视角。他为了方便，把前工业时期形象称为"传统形象"，而把 19 世纪以来工业化与现代化进程出现的形象称为"现代形象"。在他看来，衰老和生命历程必须放在文化与社会生活大的背景下进行讨论，"我们必须清楚地意识到一个事实：在社会中身体不是以它自己的方式发生影响，而是通过文化来影响它。事实上，文化书写在身体上，我们有必要去检查不同的社会中书写的特殊方式，包括形象在感知身体中的角色，并且建构自我认同的方式依靠身体形象的建构"②。因此，费瑟斯通认为生命过程的建构包括一系列的文化复杂性与多变性，"生命进程的特殊阶段是一种在特殊的文化和历史背景中的社会建构，可以这样认为，人类的生命是一块白板，文化可以在上面任意书写"③。

费瑟斯通通过观察从前现代社会到现代社会再到后现代社会中的变化，从历史的角度来定义生命过程的模式。在前现代社会生命过程缺乏清晰的阶段，在很大程度上社会地位比年龄地位更重要，比如年轻的帝王即使是一个儿童也会被当成成人看待，拥有统治人的权力，而一个奴隶即使已经成年，也会被看成是依附于他人的"小孩"。现代社会是以工业化、城市化和国家人口管理为基础的，出生和死亡都要登记，入学和离开学校都有强制性的年龄规定，同样的还有开始工作、结婚和退休等的年龄。现代社会把年龄段标准化和普遍化，人们必须把其当成公民的义务与权利来接受。在后现代社会发生了一种转变，年龄阶段被模糊了，比如，出现了成人与儿童之间界限模糊的现象，老年被看成是积极的退休阶段，生命进程方面有着更大的变动性和复杂性，与年龄相关的转变

---

① Mike Featherstone, "Images of Ageing, the Body and the Life Course" Lecture at the Townsend Centre for the Humanities University of California at Berkeley.

② Mike Featherstone, "The Life Course: Body, Cultural and Imagery in the Ageing Process" in S Wada (ed.) *Studies in the Social and Cultural Background on Images of Ageing*, Tokyo: Waseda U P, 1992, p. 97.

③ Ibid., p. 96.

变得微弱了，"在消费文化中生命进程就像生活方式一样，更少被看成是命运问题，更多的被认为是个体的责任和建构"①。

我们现在接受的生命进程的观点包括几个明显的阶段：儿童、少年、青年、中年和老年。在同一社会的不同阶段或者是不同社会，专家声称他们发现了不同年龄阶段特有的问题，而在费瑟斯通看来，生命阶段是被制造或发明出来的，而且还要理解成是可以不同的方式重新发明或重新建构的。事实上，我们总是运用一种最方便的描绘生命进程的方法，而遗忘了其他多种可行的方法。费瑟斯通认为这是一种文化和历史的产物，因为我们可以找到没有儿童、青年等时期的社会形态。②他介绍了法国著名历史学家菲利蒲·埃里斯在《几个世纪中的儿童》（*Centuries of Childhood*）一书中的观点，总结出儿童是最近几个世纪的发明，在中世纪的欧洲根本不存在儿童的概念。经过最初的婴儿时期或者是生理上不能自理的时期，儿童就开始生活在成人的世界中，七岁以后的小孩开始像小大人一样穿着，与成人一起工作、战斗，并像成年人一样接受处罚。直到中世纪晚期，甚至是17世纪才开始发展出现代的年龄观念，这时才把儿童看作一个独立的时期，认为应该需要特殊的照顾。费瑟斯通同样介绍了美国心理学家斯坦利·霍尔对青年的一系列研究，发现青年同样是被发明出来的事实。根据霍尔的研究，青年是西方在19世纪后期心理学和生理学发展的产物，他归纳一些青年阶段的问题，如不受约束的性欲、对父母的反抗、暴力和情感激烈等，因此霍尔认为青年应该成为生命周期中必需的阶段。在费瑟斯通看来，埃里斯和霍尔以不同的方式实现了对"生命周期的开拓"（the colonization of life），生命进程被设想成不同的阶段，如果个体想进入下一个阶段，那么必须认真解决每个阶段自身的问题和矛盾。③因此，费瑟斯通指出，按照这种理论，我们可以观察生命中的其他阶段，如我们可以指出对中年的开拓。"在以前，中年被

---

① Mike Featherstone, "The Male Menopause: Lay accounts and the Cultural Reconstruction of Midlife" in Sarah Nettleton, eds. *The Body in Everyday Life*, London and New York: Routledge, 1998, p. 280 (with Mike Hepworth)

② Mike Featherstone, "The Life Course: Body, Cultural and Imagery in the Ageing Process" in S Wada (ed.) *Studies in the Social and Cultural Background on Images of Ageing*, Tokyo: Waseda U P, 1992, p. 97.

③ Ibid., p. 96.

认为是没有不同、无特点的生命进程中的一个阶段，处于儿童与老年之间的一个很长的时期，而现在成为专家发现的新的阶段和问题。"①

费瑟斯通认为在消费社会中，仅仅建构新的中年形象是不够的，当媒体不断强调年轻、苗条和美丽的中年形象时，与之相对的传统中年形象还没有完全消退，因此在另一方面要使中年成为一个问题。费瑟斯通指出，在公众接受中年危机、更年期，甚至是男性更年期的过程中，媒体扮演了重要的角色，公众已经对"中年危机""男性更年期"和"更年期"等概念很熟悉。实质上，更年期是一个文化创造物，经过医学专家、媒体等的共同作用，今天已经完全渗透到人们的日常生活中，人们把它当作常识来接受：

> 男性更年期通常与更年期与中年危机等术语联系在一起，有着医学起源。这三个术语都是从 20 世纪 70 年代以后随着媒体的广泛传播流行开的，专家在传播过程中扮演重要的角色，随后传播到大众中。在此意义上，这三个术语可以视为是日常生活老年病学的发展和专家见解干扰的结果。②

这个术语在消费社会中得到接受，并且在报纸、杂志、收音机和电视节目中得到宣传。中年男性和女性被鼓励用"更年期"这个概念作为一个方便的标签，用来概括他们所遇到的中年问题，包括许多模糊的不安定的感受：

> 出现中年危机之前总是有些信号的，如生活规律改变、情绪变得消沉、孤独、社会交往减少；对家里的来宾表现出一种莫名其妙的反感；对任何事物都看不顺眼，对周围的一切缺乏信任感；有的则又重返青春期的"躁动"，拼命地打扮自己，过分注重自己的仪表

---

① Mike Featherstone, "The Life Course: Body, Cultural and Imagery in the Ageing Process" in S Wada (ed.) *Studies in the Social and Cultural Background on Images of Ageing*, Tokyo: Waseda U P, 1992, p. 95.

② Mike Featherstone, "The Male Menopause: Lay accounts and the Cultural Reconstruction of Midlife" in Sarah Nettleton, eds. *The Body in Everyday Life*, London and New York: Routledge, 1998, p. 279 (with Mike Hepworth).

和"男子汉气质",在行动或心理上追求青年女子;刻苦运动以求
减肥。①

　　更年期是医学发现的普遍症状,是女性都要经历的月经停止的生理
反应,更年期成为一种社会文化现象经历了一个社会建构过程。"更年期
第一次在法国使用是在法国革命时期,并且是用来指上层阶级妇女一种
模糊的综合症状,即关心中年的身体衰老,如失去她们年轻美丽的外表。
它仅仅是作为解释问题的生理基础,直到今天,更年期被认为是一个普
遍的状态。"②费瑟斯通同时指出,在有些社会不管是在日常生活中还是专
家的讨论,都不存在西方社会中与更年期相应的术语,并且与更年期相
应的症状是缺席的,或者存在极少的意义。一些社会没有注意更年期,
并且不认为它是一个值得关注的问题,同时也没有把它与失去年轻漂亮
和女性吸引力联系在一起。明显的,消费社会通过媒体广泛地宣传中年
危机和男性更年期等概念,使中年成为一个引人关注的阶段,同时也重
新建构了新的中年形象。

---

　　① Mike Featherstone, "The Male Menopause: Lay accounts and the Cultural Reconstruction of Midlife" in Sarah Nettleton, eds. *The Body in Everyday Life*, London and New York: Routledge, 1998, p. 67 (with Mike Hepworth).

　　② Mike Featherstone, "The Life Course: Body, Cultural and Imagery in the Ageing Process" in S Wada (ed.) *Studies in the Social and Cultural Background on Images of Ageing*, Tokyo: Waseda U P, 1992, p. 98.

结　语

　　20 世 60 年代以后，西方社会进入了消费社会，消费不仅成为人们日常生活中最重要的内容之一，更是成为社会的中心。曾几何时，消费从一个经济学概念成为一个文化的概念，商品的实际用途早已不是人们购买商品的充分理由，与其相反，商品的符号价值上升为人们追求的主要对象，成为人们"自我表达"的主要形式和"身份认同"的主要来源。

　　作为研究消费理论的理论家之一，费瑟斯通的消费理论无疑是非常重要的。他一直坚持一种社会学的研究立场，深入研究了消费理论出现的社会文化背景，对其进行一种历史的溯源，同时他对消费理论在日常生活中的表现进行了具体分析。费瑟斯通的研究使我们认识到一些习以为常的观念是怎样发展而来的，如消费理论以怎样的方式使我们对身体的要求统一为年轻、漂亮、苗条、健康等，同时进一步使我们认识到对衰老的恐惧为何在当今社会愈演愈烈。

　　费瑟斯通曾经说过，"使用'消费文化'这个词是为了强调，商品世界及其结构化原则对理解当代社会来说具有核心地位。"[1]可以说，消费文化理论像空气一样弥漫于当今社会的方方面面，我们无时无刻不感受到消费文化的存在，它影响着我们的思维、意识与无意识等方面，并左右我们作出的每一个决定。在费瑟斯通看，"消费文化"起码有双层含义，"首先，就经济的文化维度而言，符号化过程与物质产品的使用，体现的不仅是实用价值，而且还扮演着'沟通者'的角色；其次，在文化产品的经济方面，文化产品与商品的供给、需求、资本积累、竞争及垄断等市场原则一起，动作于生活方式领域之中。"[2]因此，商品越来越带有文化

---

　　[1]　［英］迈克·费瑟斯通：《消费文化与后现代主义》，刘精明译，译林出版社 2000 年版，第 123 页。

　　[2]　同上。

的意味，一切商品都披上了美丽耀眼的"文化"外衣，商品的使用价值成为微不足道的方面。与此同时，广告早已不再是单纯地向大众推销产品的使用价值，而是通过赋予商品符号价值来达到目的，如肥皂可以与浪漫、优雅、性感、舒适等概念巧妙地联系在一起，从而激发消费者潜意识中的欲望与幻想，使其在内心实现获得他人承认和尊重的梦想，同时幻想已经拥有身份、财富、权力、地位、成功、自由和快乐。

消费文化理论是一种文化被资本所控制的方式，人们在谈论文化时，已经开始越来越关注文化的经济维度，在很大程度上，是文化赋予了消费物品意义，并使得消费超越了"使用价值消费"这一狭隘的经济学视角。从这种意义上讲，文化影响了物品的使用价值，甚至无视物品的使用价值，采取一种为所欲为的姿态，影响到我们日常生活的方方面面，如自我认同、生活方式的选择等，成为消费社会获取利润的重要工具。伊格尔顿通过对"文化"一词的研究指出，"'文化'最先表示一种完全物质的过程，然后才比喻性地反过来用于精神生活。"①由此可见，文化历来有其物质性的一面，但是如果一种文明仅仅强调物质增长而忽视精神创造，甚至容忍精神生活被物质生活完全吞没、侵蚀，那么，这种文明将变得越来越粗俗，它的前途和命运也让人担忧。然而，这种现象在当今社会已经屡见不怪了，符号被媒体大量复制和生产出来，像泡沫一样充斥于人们的生活，我们无时无刻不感受到一种"物"的强大影响力。

费瑟斯通同样认为消费文化是一种无深度的文化，这使当代人成为无须思考的人。在过去的社会中，人们曾经把其他事物放在生活的中心，如美德、上帝、大自然等，消费文化使这一切发生了改变，"消费"成为当代社会的中心，这具体表现为人们不加抵制地接受媒体广告创造出来的消费意象，无节制地追求享乐，把消费作为人生梦想实现的手段，严肃的、神圣的主题被丢弃，通俗的、大众的、肤浅的文化产品大受欢迎。与此同时，人们丧失对符号的判断能力，把消费表面上的自由当作自由本身。

消费理论是一种社会生产水平到达一定程度后出现的理论形态。改革开放以后，经济的发展使中国的综合国力得到了极大的提升，这使日

---

① ［英］特瑞·伊格尔顿：《文化的观念》，方杰译，南京大学出版社 2003 年版，第 2 页。

常生活全面受到消费的影响。曾经很长一段时间内，我国学界把消费看成是资本主义社会的一种特征，一味地批判消费对人的支配、诱惑等方面，更把消费本身当作造成社会道德沦丧、世风日下等现象的终极原因。因此视其为洪水猛兽，避之不及，对消费理论的研究更是打上了阶级的烙印。"在社会阶级斗争日趋尖锐的情况下，一些资产阶级经济学家深感到传统的辩护理论已经陈腐，不能适应在新的历史条件下为资本主义制度辩护和反对无产阶级斗争的需要，因此在 20 世纪初，许多资产阶级经济学家积极寻找为资本主义制度辩护的新方法和新形式。"① 现在，我们应该肯定消费社会在中国出现的事实，正视和研究消费理论对日常生活的影响。同时，因为中西方消费理论出现的历史背景大为不同，消费理论在中西方社会内的表现方式必然会迥然不同，这些都是值得我们认真研究的领域。

在传统社会中，由于生产力水平低下，物质条件匮乏，客观条件不允许人们奢华浪费。一般来讲，人们生活都比较俭朴，能够修补的东西尽量修补，一物多用的现象极为普遍，社会风气主张节约。因此，在我国人民的日常生活中有一个最基本的消费观念：勤俭节约。这不仅强烈地体现在个体的消费行为上，更潜移默化地融入了民族的消费心理。新中国成立以后，国家意识形态提倡艰苦奋斗、勤俭节约的政策。中华民族本身具有吃苦耐劳优良传统，而近代以来屈辱的历史使整个中华民族有奋发图强的冲动，使当时全国上下都自愿厉行节约，反对浪费。毛泽东明确指出："要使全体干部和全体人民经常想到我国是一个社会主义大国，但又是一个经济落后的穷国，这是一个很大的矛盾，要使我国富强起来，需要几十年艰苦奋斗的时间，其中包括执行厉行节约，反对浪费这样一个勤俭建国的方针。"② 自此，节俭的消费方式不仅是个体的自觉选择，而被上升到国家意识形态的高度，赋予了新的时代色彩，如爱国、革命等，抑制消费得到了大多数中国人的认同和严格执行，而奢侈则遭到时代的鞭笞，在道德意义上被定义为丑，因与国家建设的整体目标相违背而失去存在空间。满怀对新社会的憧憬，广大人民群众积极遵守节

① ［美］凡勃伦：《有闲阶级论》，蔡受百译，商务印书馆 2007 年版，第 2 页。
② 《毛泽东文集》第 7 卷，人民出版社 1999 年版，第 240 页。

俭型消费行为，脚上有牛粪、手上有老茧，吃窝窝头、穿打补丁的衣服是符合时代要求的行为。

在毛泽东看来，时刻不能放松对思想的要求，要增强抵制物质享受的免疫力。从 20 世纪 50 年代初开始，中共中央先后发动了整风、增产节约、"三反"、整党等一系列的群众运动，力图使整个社会保持艰苦奋斗、勤俭节约作风，防止滋生好逸恶劳、贪图享乐思想，这在当时起到了使人们为了国家和集体忘我工作的效果，有力地支援了新中国的各项建设。然而，勤俭节约的建国方针强调以精神提升对抗物质享乐的诱惑，最大限度地漠视或忽略个人物质要求，这必然导致对个人正常物质要求的长期压抑。因此，这种对个人物质要求的压抑只能是暂时的，突破束缚和限制是早晚的事情。

改革开放以后，随着市场经济体制的逐步建立，中国经济的快速发展，逐渐由政治社会向经济社会转型。一个物化的时代迅速地来到我们的生活世界，从根本上改变了人们的生活理念和生存方式。曾经受到极大压抑的消费浮出地表，人们不再需要勒紧裤带过日子，高积累低消费的生活方式成为明日黄花，消费受到了应有的重视。党的十二届三中全会通过的《中共中央关于经济体制改革的决定》对全社会重新认识消费的意义有着重要的指示作用，"不顾生产发展的可能提出过高的消费要求，是不对的，在生产发展允许的限度内不去适当地增加消费而一味限制消费，也是不对的。"人们不再把消费单纯地看成是消极的东西，辩证地认识到消费的积极因素，承认以往用抑制消费的办法来搞建设反而在很大程度上阻碍了建设的正常进行，消费刺激生产、促进生产的作用日益受到重视。今天，我们身处一个消费全面扩张的社会，消费正在逐渐成为核心的话语方式，演变成一种"意识形态"浸透到日常生活的方方面面。因为消费无处不在，被设定为我们日常生活的一个必须完成的"义务"，确切地说，日益壮大的消费群体使新的消费理念、消费方式开始建立，消费意识形态改变了社会文化的运行机制。在此意义上，以消费为枢纽，消费观念、消费方式与社会经济发展有着密不可分的联系，体现出社会发展变迁的历程。

消费社会的来临使人们的生活水平大幅提高，但也出现了一些不和谐的现象，如拜金主义导致消费上的盲目性、不切实际地高标准、超前消费等，产生了游戏人生的观念，使色情服务、贪污腐化、假冒伪劣等负面现象日益增多，社会风气不断恶化，人们道德水平普遍下降。历史经验告诉我们：在市场经济条件下，理智消费对建设廉洁、节约型的和谐社会有重要意义，能在全社会大力弘扬崇尚劳动、勤俭节约之风，节约资源，节省能源，从而保持整个社会的和谐发展！

参考文献

迈克·费瑟斯通的著述及论文

一、中文部分（以出版时间为序）

《消费文化与后现代主义》，刘精明译，译林出版社 2000 年版。

《消解文化：全球化、后现代主义与认同》，杨渝东译，北京大学出版社 2009 年版。

二、英文部分

1. 著作

Surviving Middle Age, Oxford：Basil Blackwell, 1982（with M Hepworth）.

2. 文章（以发表时间为序）

"Going Missing" in R V Bailey and J Young（eds.）*Contemporary British Social Problems*, Saxon House, 1973（with M Hepworth）.

"Persons Believed Missing：A Search for a Sociological Interpretation" in P Rock and M McIntosh（eds.）*Deviance and Social Control*, Tavistock, 1974（with M Hepworth）.

"Changing Images of Middle Age" in M Johnson（ed.）*Transitions in Middle and Later Life*, BSG Publication, 1980（with M Hepworth）.

"Ageing and Inequality：Consumer Culture and the New Middle Age" in D Robins et al（ed.）*Rethinking Inequality*, Gower Press, 1982（with M Hepworth）.

"The Media and the New Middle Age", *Meridian*, 1, 2, 1982 (with M Hepworth).

"Interview with Anthony Giddens", *Theory, Culture & Society*, 1, 2, 1982.

"The Body in Consumer Culture", *Theory, Culture & Society*, 1, 2, 1982.

"Consumer Culture: An Introduction", *Theory, Culture & Society*, 1, 3, 1983.

"Fitness, Body Maintenance and Lifestyle within Consumer Culture", 1983. *Sports et Societes Contemporaines, Societe Francaise du Sport*, Paris (with M Hepworth).

"The Midlifestyle of George and Lynne: Notes on a Popular Strip", *Theory, Culture & Society*, 1, 3, 1983.

"Ageing and Retirement: An Analysis of Representations of Ageing in the Popular Magazine, Retirement Choice" in D Bromley (ed.) *Gerontology: Social and Behavioural Perspectives*, Croom Helm, 1984 (with M Hepworth).

"The Fate of Modernity: an Introduction", *Theory, Culture & Society*, 2, 3, 1985.

"The History of the Male Menopause, 1846—1936", *Maturitas*, 7, 1985 (with M Hepworth).

"The Male Menopause, Lifestyle and Sexuality", *Maturitas*, 7, 1985 (with M Hepworth).

"French Social Theory: an Introduction", *Theory, Culture & Society*, 3, 3, 1986.

"New Lifestyles for Old Age?" in C Phillipson et al (ed.), *Dependency and Independency in Old Age*, Croom Helm, 1986.

"Consumer Culture, Symbolic Power and Universalism" in G Stauth and S Zubaida (eds.) *Mass Culture, Popular Culture and Social Life in the Middle East*. Westport Press/Campus Verlag, 1987.

"Leisure, Symbolic Power and the Life Course " in S Horne, D Jary and A Tomlinson (eds.) *Sport, Leisure and Social Relations*, Sociological Review

Monograph, Routledge Kegan Paul, 1987.

"Lifestyle and Consumer Culture", *Theory, Culture & Society*, 4 (1) 1987.

"Consumer Culture, Symbolic Power and Universalism" in H. D. Evers (ed.) *Teori Masyarakat*. Jakarta: Obor, 1988.

"Sociology and Postmodern Culture", *nternational University of Japan Review*, Vol 5, 1988.

"In Pursuit of the Postmodern", *Theory, Culture & Society*, 5 (2—3), 1988.

"Common Culture/Uncommon Cultures?", *Reflections on Higher Education*, 4, December .

"Ageing and Old Age: Reflections on the Postmodern Life Course", in B Bytheway et al. (ed.) *Becoming and Being Old*, Sage, 1989 (with M Hepworth).

"Modern and Postmodern: Definitions and Interpretationsin ", C Mongardini (ed.) *Moderno e Postmoderno Roma*, Bulzone Editore, 1989.

"Postmodernism, Cultural Change and Social Practice", in D Kellner (ed.) *Jameson/Postmodernism/Critique*, Maisonneuve Press, 1989.

"Global Culture: an Introduction", *Theory Culture & Society*, 7 (2—3), 1990.

"Postmodernism and the Future of the Revolutionary Myth", in C Mongardini (ed.) *L'Europa Moderna e l'idea di Rivoluzione*, Roma: Bulzione Editore, 1990.

"Norbert Elias and Figurational Sociology", *Theory, Culture & Society*, 4, 2—3, June 1987.

"Perspectives on Consumer Culture", *Sociology* 24 (1), Spring, 1990.

"The Mask of Ageing and the Postmodern Life Course" in M Featherstone, M Hepworth and B S Turner (eds.) *The Body: Social Process and Cultural Theory*, Sage, 1990.

"George Simmel: an Introduction", *Theory Culture & Society*, 8 (3) 1991.

"Consumer Culture, Postmodernism and Global Disorder", in W Garrett and R Robertson (eds.), *Religion and the Quest for Global Order*, Paragon House, New York, 1992.

"Cultural Theory and Cultural Change: a Preface", in M Featherstone (ed.) *Cultural Theory and Cultural Change*, Sage, 1992.

"Global Culture and Local Culture", *Netherlands Leisure Studies Journal*, 1992.

"Postmodernism and the Aestheticization of Everyday Life", in S Lash and Jonathan Friedman (eds.) *Modernity and Identity Blackwell*, 1992.

"The Life Course: Body, Culture and Imagery in the Ageing Process", in S Wada (ed.) *Studies in the Social and Cultural Background on Images of Ageing*, Tokyo: Waseda U P, 1992.

"Towards a Sociology of Postmodern Culture", inH Haferkamp (ed.) *Social Structure and Culture*, de Gruyter, Berlin 1992.

"The Heroic Life and Everyday Life", *Theory, Culture & Society* 9 (1), 1992.

"Global Cultures' in J Bird and G Robertson" (eds.) *Mapping the Futures, Local Cultures, Global Change*. Routledge, 1993.

"Re – charting the Life Course", *Gerontologia*, 2, June 1994.

"City Cultures and Postmodern Lifestyles", in L J Meiresonne (ed.) *Cities for the Future: Post – Congress Book*, Stitching Recreatie, Den Haag 1990. Reprinted in A Amin (ed.) Post – Fordism, Routledge, 1994.

"Interview with Alessandra Giannattasio", *Revista Tempo Presente* (Rome), 1994.

"Culture, Images and the Ageing Body: an Introduction ", in M Featherstone and A Wernick (eds.) *Images of Ageing: Cultural Representations of Later Life*. Routledge, 1995 (with A Wernick).

"Cultures of Technological Embodiment", *Body & Society* , 1 (3—4) , 1995 (with R Burrows).

"Bodies, Societies and Cultural Representations", *Body & Society* , 1 (1) , 1995 (with B S Turner).

"Changing Images of Old Age and Retirement in Consumer Culture", M Featherstone and A Wernick (eds.) *Images of Ageing: Cultural Representations of Later Life*. Routledge, 1995 (with M Hepworth).

"Globalization, Modernity and the Spatialization of Social Theory", in M Featherstone et al. (eds.) *Global Modernities*. Sage 1995 (with S Lash).

"Globalization and the Problem of Cultural Complexity", in M. Lima dos Santos (ed.) *Cultura e Economia*, Universidade de Lisboa, 1995.

"Postmodernism as a Solution for the Quest for Meaning", in L. van Vucht Tiyssen (ed.) *Modernisation and the Search for Fundamentals*. Dordrecht: Kluwer, 1995.

"Cyberspace, Cyberbodies and Cyberpunk: an Introduction", in M Featherstone and R Burrows (eds.) *Cyberspace/Cyberbodies/Cyberpunk*. London: Sage (with R Burrows), 1996.

"Images of Ageing", in J Birren et al. (eds.) *Encyclopaedia of Gerontology*. San Diego: Academic Press (with M Hepworth), 1996.

"Localism, Globalism and Cultural Identity", in W. Dissanayake and Rob Wilson (eds.) *Global/Local: Cultural Production and the Transnational Imaginary*. Durham: Duke University Press, 1996.

"The Flaneur and Public Space", in A. Gebara et al. (eds.) *História do Esporte, Lazer e Educacão Fisica*, Maceió, 1997.

"Ageing, the Life Course and the Sociology of Embodiment", in G. Scrambler and P. Higgs (eds.) *Modernity, Medicine and Health: Issues Confronting Medical Sociology Toward* 2000. London: Routledge, 1998 (with M Hepworth).

"Love and Eroticism: an Introduction", *Theory, Culture & Society* 15 (3—4), 1998.

"Spaces of Culture: an Introduction", in M. Featherstone and S. Lash (eds.) *Spaces of Culture: City, Nation, World*. London: Sage, 1998.

"The Male Menopause: Lay Accounts and the Cultural Reconstruction of Midlife", in S. Nettleton and J. Watson (eds.) *The Body in Everyday Life*, London and New York: Routledge, 1998 (with M. Hepworth).

"The Flaneur, the City and Virtual Public Life", *Urban Studies*, 35 (5—6), 1998.

"Virtual Bodies", in B. M. Pirani (ed.) *Body: the Rhythms of Chaos*. Rome: Editori Seam, 1998.

"Globalization, the City and Public Life", in *The Hedgehog Review*, 1 (1), 1999.

"Body Modification: an Introduction", *Body & Society*, 4 (2—3), 1999.

"Post – bodies Ageing and Virtual Reality", in M Featherstone and A *Wernick* (eds.) *Images of Ageing: Cultural Representations of Later Life*. Routledge, 1995. Reprinted in D. Bell and B. M. Kennedy (eds.) *The Cybercultures Reader*. London: Routledge, 2000.

"Technologies of Post – Human Development and the Potential for Global Citizenship", in J. N. Pieterse (ed.) *Global Futures*. London: Zed Books, 2000.

"The Global City, Information Technology and Public Life", in C. Davis (ed.) *Identity and Social Change*. Boston: Transaction Books, 2000.

"Consumer Culture", entry for *International Encyclopaedia of the Social and Behavioral Sciences*. Oxford: Elsevier, 2001.

"Introduction to Recognition and Difference", *Theory, Culture & Society*, 18 (2—3), 2001 (with Scott Lash).

"Globalization, the Nation – State and Marketization: Islamic Responses to a Multicultural World", in S. Fatimah and A. Rahman (eds.) *The Impact of Globalization on Social and Cultural Life*. Kuala Lumpur: IKIM, 2002.

"Globalization Processes: Postnational Flows, Identity Formation and Cultural Space", in Eliezer Ben – Rafael and Yitzhak Sternberg (eds.) *Identity, Culture and Globalization*, 2002.

"Globalization, the Nation – State and Marketization: the Problem of an Ethics for a Multicultural World", *Kyoto Bukkyo Review*, 2002.

"Automobilities: An Introduction, special issue on Automobilities", *Theory, Culture & Society*, 21 (4—5), 2004.

"Images of Ageing: Cultural Representations of Later Life", in M. Johnson, V. Bengston et al. （eds.） *The Cambridge Handbook of Age and Ageing*. Cambridge：Cambridge University Press, 2005 （with M Hepworth）.

"Body Image/ Body without Image", in special issue on Problematizing Global Knowledge （edited with C. Venn, R. Bishop and J. Phillips）, *Theory, Culture & Society*, 23 （2—3）, 2006.

"Genealogies of the Global", in special issue on Problematizing Global Knowledge （edited with C. Venn, R. Bishop and J. Phillips）, *Theory, Culture & Society* , 23 （2—3）, 2006.

"Genealogies of the Global", in *Problematizing Global Knowledge* （edited with C. Venn, R. Bishop and J. Phillips）, Sage Publications, 2006, forthcoming.

"Modernity", （with C. Venn） in special issue on Problematizing Global Knowledge （edited with C. Venn, R. Bishop and J. Phillips）, *Theory, Culture & Society* , 23 （2—3）, 2006.

"Problematizing Global Knowledge：an Introduction", （with C. Venn） in special issue on Problematizing Global Knowledge （edited with C. Venn, R. Bishop and J. Phillips）, *Theory, Culture & Society*, 23 （2—3）, 2006.

"Problematizing Global Knowledge：an Introduction", （with C. Venn） in *Problematizing Global Knowledge* （edited with C. Venn, R. Bishop and J. Phillips）, Sage Publications, 2006, forthcoming.

其他参考文献

（以作者姓氏为序）

一、中文著述

［法］尼古拉·埃尔潘：《消费社会学》，孙沛东译，社会科学文献出版社 2005 年版。

［德］诺贝特·埃利亚斯：《文明的进程：文明的社会起源和心理起源的研究》，王佩莉译，三联出版社 1998 年版。

［美］南茜·埃特考夫：《漂亮者生存：关于美貌的科学》，盛海燕等译，中国友谊出版公司 2000 年版。

［美］约翰·奥尼尔；《身体形态——现代社会的五种身体》，张旭春译，春风文艺出版社 1999 年版。

［法］巴尔扎克：《人间喜剧》，多人译，人民文学出版社 1994 年版。

［英］阿雷恩·鲍尔德温：《文化研究导论》，陶东风等译，高等教育出版社 2004 年版。

［英］齐格蒙特·鲍曼：《个体化社会》，范祥涛译，上海三联书店 2002 年版。

［英］齐格蒙特·鲍曼：《流动的现代性》，欧阳景根译，上海三联书店 2002 年版。

［英］齐格蒙特·鲍曼：《全球化：人类的后果》，郭国良等译，商务印书馆 2001 年版。

［英］齐格蒙特·鲍曼：《被围困的社会》，郇建立译，江苏人民出版社 2006 年版。

［英］齐格蒙特·鲍曼：《生活在碎片之中：论后现代的道德》，郁建兴等译，学林出版社 2002 年版。

［美］丹尼尔·贝尔：《资本主义文化矛盾》，赵一凡等译，生活·读书·新知三联书店 2003 年版。

［美］斯蒂芬·贝斯特、［美］道格拉斯·科尔纳：《后现代转向》，陈刚等译，南京大学出版社 2002 年版。

［德］瓦尔特·本雅明：《巴黎，19 世纪的首都》，刘北成译，上海人民出版社 2006 年版。

［德］瓦尔特·本雅明：《发达资本主义时代的抒情诗人》，王才勇译，江苏人民出版社 2005 年版。

［德］彼得·比格尔：《先锋派理论》，高建平译，商务印书馆 2002 年版。

［美］L. J. 宾克莱：《理想的冲突：西方社会中变化着的社会观念》，王太庆等译，商务印书馆 1983 年版。

［法］波德莱尔：《1846 年的沙龙：波德莱尔美学论文选》，郭宏安译，广西师范大学出版社 2002 年版。

〔法〕让·波德里亚:《消费社会》,刘成富等译,南京大学出版社 2006 年版。

〔法〕让·波德里亚:《象征交换与死亡》,车槿山译,译林出版社 2006 年版。

〔美〕尼尔·波兹曼:《娱乐至死》,章艳译,广西师范大学出版社 2004 年版。

〔美〕尼尔·波兹曼:《童年的消逝》,吴燕莛译,广西师范大学出版 社 2004 年版。

〔英〕约翰·伯格:《观看之道》,戴行钺译,广西师范大学出版社 2005 年版。

〔法〕让·博德里亚尔:《完美的罪行》,王为民译,商务印书馆 2000 年版。

〔古希腊〕柏拉图:《斐多:柏拉图对话录之一》,杨绛译,辽宁人民 出版社 2000 年版。

〔法〕布尔迪厄:《男性统治》,刘晖译,海天出版社 2002 年版。

〔英〕布洛克:《美学新解》,滕守尧译,辽宁人民出版社 1987 年版。

〔法〕布希亚:《物体系》,林志明译,上海世纪出版集团 2001 年版。

蔡翔:《日常生活的诗性消解》,学林出版社 1994 年版。

陈嘉明:《现代性与后现代性十五讲》,北京大学出版社 2006 年版。

陈望衡:《美与当代生活方式》,武汉大学出版社 2005 年版。

陈昕:《救赎与消费——当代中国日常生活中的消费主义》,江苏人 民出版社 2003 年版。

陈学明等选编:《列斐伏尔、赫勒论日常生活》,云南人民出版社 1998 年版。

〔澳〕J. 丹纳赫等:《理解福柯》,刘谨译,百花文艺出版社 2002 年版。

〔美〕丹托:《美的滥用:美学与艺术的概念》,王春辰译,江苏人民 出版社 2007 年版。

〔法〕居伊·德波:《景观社会》,王昭凤译,南京大学出版社 2006 年版。

〔英〕阿兰·德波顿:《身份的焦虑》,陈广兴等译,上海译文出版社

2007 年版。

　　［美］艾伦·杜宁：《多少算够——消费社会与地球未来》，毕聿译，吉林人民出版社 1997 年版。

　　［英］恩特维斯特尔：《时髦的身体》，郜元宝等译，广西师范大学出版社 2005 年版。

　　［美］凡勃伦：《有闲阶级论》，蔡受百译，商务印书馆 2007 年版。

　　［美］约翰·费斯克：《理解大众文化》，王晓珏等译，中央编译出版社 2006 年版。

　　冯俊等：《后现代主义哲学讲演录》，商务印书馆 2003 年版。

　　［美］乔纳森·弗里德曼：《文化认同与全球性过程》，郭建如译，商务印书馆 2003 年版。

　　［英］戴维·弗里斯比：《现代性的碎片》，卢晖临译，商务印书馆 2003 年版。

　　［奥］弗洛伊德：《弗洛伊德文集》，第三卷，车文博主编，长春出版社 2004 年版。

　　［法］米歇尔·福柯：《规训与惩罚：监狱的诞生》，刘北成等译，生活·读书·新知三联书店 2003 年版。

　　［美］杰弗瑞·戈比：《你生命中的休闲》，康筝等译，云南人民出版社 2000 年版。

　　［美］欧文·戈夫曼：《日常生活中的自我呈现》，黄爱华等译，浙江人民出版社 1989 年版。

　　［美］古德尔、［美］戈比：《人类思想史中的休闲》，成素梅等译，云南人民出版社 2000 年版。

　　［美］戴维·哈维：《后现代的状况》，阎嘉译，商务印书馆 2003 年版。

　　［匈］阿格尼丝·赫勒：《日常生活》，衣俊卿译，重庆出版社 1990 年版。

　　［德］黑格尔：《美学》，朱光潜译，商务印书馆 1979 年版。

　　胡大平：《崇高的暧昧——作为现代生活方式的休闲》，江苏人民出版社 2002 年版。

　　［德］胡塞尔：《欧洲科学危机和超验现象学》，张庆熊译，上海译文

出版社 2005 年版。

[德] 胡塞尔:《生活世界现象学》,倪梁康等译,上海译文出版社2005 年版。

黄平:《未完成的叙说》,四川人民出版社 1997 年版。

黄金麟:《历史、身体、国家:近代中国的身体形成(一八九五——一九三七)》,新星出版社 2006 年版。

[德] 马克斯·霍克海默、[德] 西奥多·阿道尔诺:《启蒙辩证法——哲学片断》,渠敬东等译,上海人民出版社 2006 年版。

[英] 安东尼·吉登斯:《现代性与自我认同》,赵旭东译,三联书店1998 年版。

[美] 加耳布雷思:《丰裕社会》,徐世平译,上海人民出版社 1965年版。

蒋原伦:《媒体文化与消费时代》,中央编译出版社 2004 年版。

[美] 杰姆逊:《后现代主义与文化理论》,唐小兵译,北京大学出版社 2005 年版。

[法] 卡巴内:《杜尚访谈录》,王瑞芸译,广西师范大学出版社 2001年版。

[美] 道格拉斯·凯尔纳、[美] 斯蒂文·贝斯特:《后现代理论——批判性的质疑》,张志斌译,中央编译出版社 1999 年版。

康正果:《身体与情欲》,上海文艺出版社 2001 年版。

[加] 莱昂:《后现代性》,郭为桂译,吉林人民出版社 2005 年版。

老高放:《超现实主义导论》,社会科学文献出版社 1997 年版。

[美] 杰克逊·李尔斯:《丰裕的寓言:美国广告文化史》,任海龙译,上海人民出版社 2004 年版。

[美] 杰里米·里夫金:《欧洲梦》,杨治宜译,重庆出版社 2006年版。

[美] 大卫·理斯曼:《孤独的人群》,王昆等译,南京大学出版社2002 年版。

刘小枫:《沉重的肉身:现代性伦理的叙事纬语》,华夏出版社 2004年版。

[英] 西莉亚·卢瑞:《消费文化》,张萍译,南京大学出版社

2003 年版。

　　［匈］卢卡奇：《历史与阶级意识》，杜章智等译，商务印书馆 1996 年版。

　　［匈］卢卡奇：《关于社会存在的本体论》，白锡堃等译，重庆出版社 1993 年版。

　　陆扬、王毅：《大众文化与传媒》，三联书店 2000 年版。

　　陆扬、王毅：《文化研究导论》，复旦大学出版社 2006 年版。

　　陆扬选编：《大众文化研究》，三联书店 2001 年版。

　　罗钢等主编：《消费文化读本》，中国社会科学出版社 2003 年版。

　　［美］赫伯特·马尔库塞：《爱欲与文明》，黄勇等译，上海译文出版社 2005 年版。

　　［美］赫伯特·马尔库塞：《单向度的人：发达工业社会意识形态研究》，刘继译，上海译文出版社 2006 年版。

　　［英］吉姆·麦克盖根：《文化民粹主义》，桂万先译，南京大学出版社 2001 年版。

　　［法］马塞尔·毛斯：《社会学与人类学》，佘碧平译，上海译文出版社 2003 年版。

　　《毛泽东文集》，人民出版社 1999 年版。

　　孟悦、戴锦华：《浮出历史地表》，中国人民大学出版社 2004 年版。

　　［美］詹姆斯·米勒：《福柯的生死爱欲》，高毅译，上海人民出版社 2005 年版。

　　［英］弗兰克·莫特：《消费文化：20 世纪后期英国男性气质和社会空间》，余宁平译，南京大学出版社 2001 年版。

　　［德］尼采：《查拉斯图特拉如是说》，钱春绮译，生活·读书·新知三联书店 2007 年版。

　　［德］桑巴特：《奢侈与资本主义》，王燕平等译，上海人民出版社 2005 年版。

　　［俄］维克托·什克洛夫斯基等：《俄国形式主义文论选》，方珊等译，三联书店 1989 年版。

　　［美］理查德·舒斯特曼：《生活即审美》，彭锋等译，北京大学出版社 2007 年版。

［英］多米尼克·斯特里纳蒂：《通俗文化理论导论》，阎嘉译，商务印书馆 2001 年版。

［加］查尔斯·泰勒：《自我的根源：现代认同的形成》，韩震等译，译林出版社 2001 年版。

［英］汤林森：《文化帝国主义》，冯建三译，上海人民出版社 1999 年版。

陶东风等主编：《文化研究》，第 3 辑，天津社会科学出版社 2002 年版。

［英］布莱恩·特纳：《身体与社会》，马海良等译，春风文艺出版社 2000 年版。

［法］鲁尔·瓦纳格姆：《日常生活的革命》，张新木等译，南京大学出版社 2008 年版。

王宁：《超越后现代主义》，人民文学出版社 2002 年版。

王岳川：《后现代主义文化研究》，北京大学出版社 1992 年版。

［英］雷蒙·威廉斯：《关键词：文化与社会的词汇》，刘建基译，三联书店 2005 年版。

［德］马克斯·韦伯：《经济与社会》，林荣远译，商务印书馆 1997 年版。

［德］马克斯·韦伯：《新教伦理与资本主义精神》，于晓、陈维纲等译，三联书店 1987 年版。

［德］沃尔夫冈·韦尔施：《我们后现代的现代》，洪天富译，商务印书馆 2004 年版。

［德］沃尔夫冈·韦尔施：《重构美学》，陆扬等译，上海译文出版社 2006 年版。

［法］维加莱洛：《人体美丽史：文艺复兴—二十世纪》，关虹译，湖南文艺出版社 2007 年版。

［英］路德维希·维特根斯坦：《哲学研究》，陈嘉映译，上海人民出版社 2005 年版。

伍蠡甫：《欧洲文论简史》，人民文学出版社 1985 年版。

伍蠡甫：《西方文论选》，上海译文出版社 1979 年版。

［德］西美尔：《金钱、性别、现代生活风格》，刘小枫编，顾仁明

译，学林出版社 2000 年版。

［德］西美尔：《时尚的哲学》，费勇等译，文化艺术出版社 2001年版。

夏莹：《消费社会理论及其方法论导论：基于早期鲍德里亚的一种批判理论建构》，中国社会科学出版社 2007 年版。

［德］阿尔弗雷德·许茨：《社会实在的意义》，霍桂桓等译，华夏出版社 2001 年版。

杨魁：《消费文化——从现代到后现代》，中国社会科学出版社 2003年版。

仰海峰：《走向后马思：从生产之镜到符号之境》，中央编译出版社 2003 年版。

［英］特瑞·伊格尔顿：《文化的观念》，方杰译，南京大学出版社 2003 年版。

［英］特里·伊格尔顿：《后现代主义的幻象》，华明译，商务印书馆 2000 年版。

尹世杰：《消费文化学》，湖北人民出版社 2002 年版。

［英］弗雷德·英格利斯：《文化》，韩启群译，南京大学出版社 2008 年版。

赵德馨：《中国近现代经济史（1842—1949）》，河南人民出版社 2003年版。

［美］詹明信：《晚期资本主义的文化逻辑：詹明信批评理论文选》，张旭东编，陈清侨等译，生活·读书·新知三联书店 1997 年版。

张旭东：《全球化时代的文化认同》，北京大学出版社 2005 年版。

赵澧、徐京安主编：《唯美主义》，中国人民大学出版社 1988 年版。

周宪：《崎岖的思路》，湖北教育出版社 2000 年版。

周宪：《审美现代性批判》，商务印书馆 2005 年版。

周宪：《文化现代性与美学问题》，中国人民大学出版社 2005 年版。

周宪：《现代性的张力》，首都师范大学出版社 2001 年版。

周小仪：《唯美主义与消费文化》，北京大学出版社 2002 年版。

二、英文著述

Bell, David, eds. *Historicizing Lifestyle*：*mediating taste*，*consumption and identity from the* 1900*s to* 1970*s*. Burlington: Ashgate, 2006.

Bocock, R. *Consumption*. London: Routledge, 1993.

Bordo, Susan. *Unbearable Weight: Feminism, Western Culture, and the Body*. Berkeley: University of California Press, 1993.

Bourdieu, Pierre. *Distinction: A Social Critique of The Judgment of Taste*. Cambridge: Cambridge University Press, 1977.

Campbell, Colin. *The Romantic Ethic and the Spirit of Modern Consumerism*. Oxford: Basil Blackwell, 1987.

Dunn, Chris and Rollnick, Stephen. *Lifestyle change*. London: Mosby, 2003.

Ewen, Stuart. *All Consuming Images*. New York: Basic Books, 1988.

Falk, Pasi. *The Consuming Body*. London: Sage Publications, 1994.

Forty, Adrian. *Objects of Desire*. London: Thames&Hudson, 1986.

Gerth H and C. Wright Mills. *From Max Weber: Essays in Sociology*. New York: Oxford University Press, 1946.

Hirsch, Fred. *The Social Limits to Growth*. London: Routledge, 1976.

Lee, Martyn (ed). *The Consumer Society Reader*. Oxford: Blackwell Publishers, 2000.

Lefebvre, Henri. *Everyday Life in the Modern World*. London: Transaction Publishers, 1971.

Lowenthal. L. *Literature, popular Culture and Society*. California: Pacific Books, 1961.

Marchand, Roland. *Advertising the American Dream: Making Way for Modernity, 1920—1940*. Berkeley: The University of California Press, 1985.

Polhemus, Ted and Proctor, Lynn. *Fashion and Anti - Fashion: An Anthropology of Clothing and Adornment*. London: Thames&Hudson, 1978.

Zeldin, Theodore. *France 1848—1945: Taste and Corruption*. Oxford: Oxford University Press, 1980.

后 记

本书是在我的博士学位论文的基础上修改而成的。在这里首先要感谢我的导师阎嘉教授，论文从选题、开题再到正式进入写作过程，阎老师都付出了无数的心血，感谢他的指导，使我在迷惘、困惑甚至灰心的时候重新获得写作的思路和信心。可惜我有限的学识还不能达到阎老师要求的高度，我只能在今后的人生道路中尽量完善自身的知识结构。与此同时，阎老师严谨的治学态度更会让我终生受用，继续鞭策我前进。

在川大读书期间，还有多位老师让我受益颇多，在此我要感谢曹顺庆老师、王晓路老师、冯宪光老师、赵毅衡老师、吴兴明老师等，谢谢他们对我的指导和帮助。对此，言语的感谢显得苍白无力，我唯有更加努力地做人做事，方能回报给予我无私帮助的诸多恩师。

我还要感谢我的工作单位——贵州财经大学领导修耀华书记、陈厚义院长。本书的出版还应感谢贵州财经大学经济史研究所所长缪坤和教授，正是他的支持使本书能够出版。同时，本书的修改与完善得到了经济史研究所其他同事的无私帮助，在此对何伟福教授、常明明教授、梁宏志副教授、贺菊莲副教授、李飞龙副教授、许江红老师、王非老师等人表示衷心感谢。

我更要感谢的是我的父母，在我的求学道路上他们一直是我坚强的后盾，正因有他们的支持我才能够做到毫无顾忌地向前走。父母不仅把我看成是他们生命的延续，更把我当成他们生活的希望，总是默默地支持与奉献，相较而言，我为他们做的可谓少之又少，这不能不让我感到愧疚。

在此，谨以本书献给支持、帮助和关心我的老师、领导、同事和家人。也希望得到各位专家和读者的批评与指正。

王 敏

2012 年 6 月 2 日